(下　　り)

21 急行 安芸	17 急行 彗星	23 急行 瀬戸	19 急行 月光	43 急行 さつま	5 特急 かもめ	25 急行 出雲	201 急行 大和	203 急行 伊勢
2045	2100	2115	2130	2145	…	2215	2230	2300
2056	レ	2126	2141	2156	…	2226	2243	2311
2118	2134	2148	2204	2219	…	2248	2306	2334
2137	レ	2207	2223	2239	…	2307	2325	2354
2220	レ	2250	2306	2317	…	2348	005	035
2247	2303	2317	2332	2347	…	016	032	102
2313	レ	2343	2358	013	…	045	058	131
015	030	045	100	112	…	148	200	229
142	レ	210	225	245	…	320	331	355
レ	レ	250	レ	レ	…	レ	419	438
335	347	402	423	444	…	520	535	556
340	355	410	430	450	…	525	545	605
412	レ	444	504	525	…	601	湊町906	鳥羽829
レ	レ	459	レ	レ	…	616		
513	レ	549	612	632	…	708	C3	3
レ	レ	653	713	レ	…	816		C
623	643	704	724	738	…	827	…	
629	651	709	730	751	830	836	…	
708	728	746	810	830	906	916	…	(名古屋 東京間)
720	ABC3	752	C3	840	910	940	…	
751	(この列車のろ等は指定の急行券を要します)	818		913	937	大社1830	…	
758		824	…	921	レ		…	
824		847	…	947	レ	C3	…	
908		930		1034	1029	(大阪 東京間)	…	…
1045		1111		1220	1144		…	…
1152		宇野着1153	(博多 東京間)	1322	1232		…	…
1213				1342	1252		…	…
1232		C3		1405	レ	(浜田着2107)	…	…
1439				1541	1418		…	…
C3			C3	1548	1423		…	…
		…		1634	1501		…	…
…		…	…	1708	レ		…	…
…	…	…	…	1752	レ	…	…	…
…	…	…	…	1843	1642	…	…	…
…	…	…	…	1930	レ	…	…	…
…	…	…	…	2012	1746	…	…	…
…	…	…	…	2034	1758	…	**119**	**121**
…	…	…	…	‖	‖	…	2135	2325
…	…	…	…	2049	1802	…	2151	2340
…	…	…	…	2104	レ	…	2205	2354
…	…	…	…	2131	レ	…	2245	030
…	…	…	…	2223	1910	…	2355	114
…	…	…	…	2240		…	003	123
…	…	…	…	2309	…	…	049	156
…	…	…	…	|	…	…	|	|
…	…	…	…	|	…	…	|	|
…	…	…	…	|	…	…	|	|
…	…	…	…	|	…	…	|	|
…	…	…	…	|	…	…	|	|
…	…	…	…	2315	…	…	101	206
…	…	…	…	2326	…	…	113	218
…	…	…	…	007	…	…	202	317
…	…	…	…	106	…	…	302	436
…	…	…	…	116	…	…	315	449
…	…	…	…	202	…	…	401	553
…	…	…	…	330	…	…	532	(肥薩線経由)
…	…	…	…	429	…	…	654	
…	…	…	…	511	…	…	754	
…	…	…	…	546	…	…	833	
…	…	…	…	…	…	…	…	都城着1058
…	…	…	…	…	…	…	…	…
…	…	…	…	…	…	…	…	…
…	…	…	…	…	…	…	…	…
…	…	…	…	…	…	…	…	…
…	…	…	…	…	…	…	…	…
…	…	…	…	…	…	…	…	…
…	…	…	…	…	…	…	…	…

33.4.10 訂補

九州—大阪—東京連絡 (上り) (其1)

粁程	駅名	128	44	6	122	24	512	508	520
0.0	鹿児島発	…	…	…	…	西鹿児島発1900	1909	…	…
72.7	都城〃	…		…	…		2131		3
122.7	宮崎〃	…	(博多 東京間)	…	…		2250	…	540
206.4	延岡〃	…		…	都城発2127		050	準急	753
329.7	大分〃	…		…			424	800	1145
341.8	別府〃	…		…		…	450	818	1234
468.2	門司着	…	C3	…	(肥薩線吉都線経由)	…	844	1101	1633
473.7	門司港〃	…		…		…	858	1111	1645
0.0	鹿児島発	2030	2330	…		…	…	…	…
20.5	伊集院〃	2116	011	…		…	…	…	…
49.3	川内〃	2209	110	…		…	…	…	…
100.6	出水〃	2335	234	…		…	…	…	…
166.2	八代〃	109	402	…	223	…	…	…	…
201.9	熊本着	155	440	…	308	…	…	…	…
	熊本発	208	449	…	326	…	…	…	…
251.0	大牟田〃	338	545	…	452	…	…	…	…
284.6	久留米〃	436	627	…	603	…	…	…	…
291.7	鳥栖着	449	636	…	615	…	…	…	…
0.0	長崎発	|	|	…	|	…	…	…	…
31.6	諫早〃	|	|	…	|	…	…	…	…
…	佐世保〃	|	|	特急	|	…	…	…	…
107.1	佐賀〃	|	|	(かもめ)	|	…	…	42	…
132.1	鳥栖着	|	|		|	.	…		…
291.7	鳥栖発	502	641		629	…	…	AC3	…
321.0	博多着	557	707		731	…	…		…
	博多発	602	724	1000	743	…	…	830	…
368.9	折尾〃	726	812		901	…	…	917	…
389.0	小倉〃	807	840	レ	937	…	…	943	…
394.5	門司着	816	847	1107	945	…	…	950	…
400.0	門司港〃	912	‖	‖	1001	…	…	‖	…
0.0	門司発	**306**	853	1111	**26**	…	**14**	957	**16**
6.3	下関〃	(宇野発1315)	908	1124	…	…	…	1012	…
40.1	厚狭〃		945	レ	…	…	…	1048	…
75.2	小郡〃		1029	1229	…	…	…	1132	…
119.5	徳山〃	準急	1121	レ	…	…	…	1224	…
155.2	柳井〃	**506**	1201	レ	C3	…	…	1304	…
166.6	岩国〃		1236	1407		…	…	1340	…
208.0	広島着	準急	1320	1445	(東京 大阪間)	…	…	1423	…
	広島発	955	1325	1450		C3	…	1429	…
282.4	糸崎〃	1222	1501	レ			…	1611	…
291.5	尾道〃	1233	1513	1616		宇野1615	…	1623	…
311.6	福山〃	1257	1534	1635	(浜田発924)		…	1645	…
369.9	岡山〃	1412	1637	1726		1706	…	1755	…
458.5	姫路〃	1551	1814	1843		1847	…	1930	BC3
494.1	明石〃	1629	1845	レ		1926	…	レ	
513.3	神戸〃	1656	1912	レ	大社1110	1955	…	2031	2050
515.8	三ノ宮〃	1701	1919	1932		2002	C3	2038	2056
546.4	大阪着	1727	1947	2000	2007	2034		2107	2124
	大阪発	1737	1955	2005	2030	2044	2100	2114	2130
589.2	京都着	1816	2033	2040	2113	2125	2139	2153	2208
	京都発	…	2042	…	2119	2132	2144	2158	2216
599.2	大津〃	…	レ	…	2132	2146	2158	2214	2230
656.9	米原〃	**204**	2200	**202**	2235	2254	2308	2319	2330
692.8	大垣〃	鳥羽2010	レ	湊町2020	2315	2333	レ	レ	レ
706.5	岐阜〃		2252		2331	2349	003	017	031
736.8	名古屋着	2235	2324	2331	003	023	038	055	105
	名古屋発	2245	2330	2340	010	030	045	100	115
809.2	豊橋〃	021	レ	101	123	レ	レ	レ	レ
845.7	浜松〃	104	131	144	206	222	233	248	302
922.6	静岡〃	225	252	305	327	343	354	409	424
976.6	沼津〃	324	355	410	420	435	455	509	526
998.2	熱海〃	353	423	438	446	459	520	534	555
1018.9	小田原〃	421	450	505	513	525	547	600	622
1056.3	大船〃	507	533	555	602	615	635	652	714
1074.0	横浜着	525	551	613	620	633	653	710	731
1096.0	品川〃	548	613	635	642	655	715	732	752
1100.1	東京〃	600	625	647	654	710	728	742	803
	愛称名	急行 伊勢	急行 さつま	急行 大和	急行 出雲	急行 瀬戸	急行 明星	急行 筑紫	急行 銀河

C (名古屋—東京)　3　C3

下り 上り 主要幹線連絡(東京—大阪—九州連絡)

西鹿児島—鹿児島 3.2粁

特に示すものの他2・3等車　特急・急行＝(寝台車マーク)(17を除く)

下り　主要幹線連絡（東京―大阪―九州連絡）

33.4.10 訂補 (電)

東　京 ―― 大　阪 (電) (電) ―― 九州連絡

料程	列車番号	305	1	11	31	33	35	3	201	409	37	39	307	309	7	9	13	15	41
	列車種別	準急	特急	急行	急行	急行	急行	特急	急行	準急	急行	急行	準急	準急	特急	特急	急行	急行	急行
	駅名＼列車名	東海1号	つばめ	なにわ	阿蘇	雲仙	高千穂	はと	天草	比叡3号	霧島	西海	東海2号	東海3号	あさかぜ	さちかぜ	明星	銀河	筑紫
0.0	東京発	750	900	930	1000	1030	1100	1230	…	…	1300	1330	1505	1635	1830	1900	2000	2015	2030
4.1	品川〃	759	123	941	1011	1039	1111	123	…	…	1309	1341	1515	1644	✕	レ	2011	2026	2041
26.1	横浜〃	818	925	1003	1033	1100	1133	1255	…	…	1330	1403	1535	1704	1855	1925	2034	2048	2104
43.8	大船〃	835	レ	1022	1052	1120	1152	レ	…	…	1349	1422	1554	1722	ABC3	レ	2054	2107	2123
81.2	小田原〃	908	レ	1054	1124	1154	1224	レ	…	…	1421	1454	1626	1758		✕	2135	2150	2205
101.9	熱海〃	932	レ	1119	1148	1218	1247	1359	…	…	1445	1517	1651	1821	2000	C3	2202	2217	2232
123.5	沼津〃	954	1046	1146	1212	1242	1311	レ	…	…	1509	1541	1714	1845	レ		2228	2243	2258
177.5	静岡〃	1045	レ	1240	1305	1337	1404	1500	…	…	1557	1635	1806	1936	レ	2131	2335	2345	2359
254.4	浜松〃	1155	1230	1351	1415	1450	1519	レ	…	…	1706	1745	1915	2048	2200	レ	100	110	125
290.9	豊橋〃	1226	レ	1422	1449	1526	1554	1629	…	…	1739	1816	1946	2120	レ	レ	140	レ	レ
363.3	名古屋着	1330	1351	1529	1552	1634	1656	1723	…	(電)	1838	1920	2055	2225	2321	2351	250	306	320
	名古屋発	1335	1355	1535	1600	1640	1705	1728	…	1840	1845	1925	2100	2235	2325	2355	300	315	325
393.6	岐阜〃	1404	1420	1603	1631	1709	1736	レ	…	1907	1914	1954	2127	2309	レ	AB	331	343	401
407.3	大垣〃	1415	レ	1617	1645	1723	1750	レ	…	1918	1928	2008	2138	2322	レ		346	レ	レ
443.2	米原〃		レ	1657	1726	1803	1836	レ	…	1952	2010	2049			レ	東京博多	435	447	503
500.9	大津〃	305	レ	1752	1816	1851	1932	レ		2036	2100	2137	203	307	レ		524	544	601
510.9	京都着	準急	1552	1803	1826	1902	1942	1922		2046	2112	2147	急行	準急	119	149	535	555	612
	京都発	1150	1554	1810	1834	1910	1949	1924	2021	2047	2122	2153	2230	2240	122	152	547	601	618
553.7	大阪着	1225	1630	1848	1914	1950	2028	2000	2055	2120	2157	2232	2304	2314	157	227	630	641	700
	大阪発	1230	展	✕	1922	2005	2040	展	2105	2122	2210	2240	2315	2325	158	228	C3	650	710
584.3	三ノ宮〃	1256		…	1955	2031	2108		2131	2151	2239	2310	2341	2351	レ	レ		720	738
586.8	神戸〃	1302	✕		2003	2037	2116	✕	2139	2155	2247	2318	2348	2358	226	256	…	725	745
606.0	明石〃	1325	…	✕	2027	レ	2142	…	2202		レ	レ	010	019	レ	レ	…		レ
641.6	姫路〃	1406	…	C3	2108	2139	2221	…	2245		2346	022	051	101	317	347	…		852
730.2	岡山〃	1542			2245	2313	2351	…	013	C3	123	152	226	239	434	504	…	BC3	1027
788.5	福山〃	1653	（岡山宇野間）	…	2347	009	045	…	110		218	245	327	346	レ	554	…	…	1123
808.6	尾道〃	1719		…	008	030	107	…	132	（東京博多間）	240	306	352	410	539	レ	…	…	1144
817.7	糸崎〃	1740		…	024	046	125	…	148		256	322	409	427	レ	レ	405	…	1201
892.1	広島着	1950	準急	…	157	216	253	…	320		425	458	541	645	704	734	準急	…	1332
	広島発	…	505	…	203	222	258	325	330		430	504	548	3	709	739	900	…	1338
933.5	岩国〃	…	（宇野着16 34）	…	248	305	344	3	416	✕	514	550	635		レ	817	956	…	1424
966.6	柳井〃	…		…	レ	レ	418	519	レ	…	レ	629	712	…	レ	レ	1036	…	1458
980.6	徳山〃	…		…	359	416	457	612	529	…	625	713	757	…	846	レ	1122	（有明）	1541
1024.9	小郡〃	…		…	445	508	548	727	620	…	715	803	847	…	レ	958	1213		1631
1060.0	厚狭〃	…	…	…	524	レ	630	819	701	…	753	843	928	…	レ	レ	1259		1722
1093.8	下関着	…	…	…	601	625	710	908	738	…	831	921	1006	…	1031	1101	1340	105	1801
1100.1	門司〃	115	…	…	615	640	732	924	754	…	846	935	1020	117	1043	1113	1357	準急	1815
	門司港発	510	…	…	‖	‖	✕		‖	…	‖	‖	‖	942	‖	‖	‖	1500	‖
1100.1	門司〃	527	…	…	624	648	C3		804	…	851	941	1027	1000	1047	1117	1407	1510	1822
1105.6	小倉〃	536	…	…	634	700			816	…	900	951	1037	1011	レ	レ	1417	1520	1832
1125.7	折尾〃	612	…	…	筑豊本線経由	724	（東京大分間）		839	…	926	1014	1105	1047	レ	レ	1450	1550	1857
1173.6	博多着	725	…	…		811			924	…	1013	1103	1150	1211	1155	1225	1556	1641	1945
	博多発	737	…	…		824			931	…	1025	1115	1159	1218	…	1231	1605	1645	✕
1202.9	鳥栖着	827	…	…	833	853			959	…	1054	1143	1226	1311	…	レ	1639	1717	AC3
1202.9	鳥栖発	│	…	…	│	905	│	│	│	…	│	1150	│	│	…	レ	1648	‖	
1227.9	佐賀〃	│	…	…	│	935	│	│	│	…	│	1220	│	│	…	1321	1723	‖	…
1291.4	佐世保着	│	…	…	│	‖	│	│	│	…	│	1349	│	│	…	‖	‖	‖	…
1303.4	諫早着	│	…	…	│	1106	│	│	│	…	│	✕	│	│	…	1444	1952	‖	…
1335.0	長崎〃	│	…	…	│	1150	│	│	│	…	│	・	│	│	…	1530	2039	‖	…
1202.9	鳥栖発	844	…	…	839	✕	│	│	1009	…	1102	AB	1231	1326	…	…	…	1723	…
1210.0	久留米〃	859	…	…	850	・	│	│	1020	…	1112		1241	1341	…	…	…	1734	…
1243.6	大牟田〃	1004	…	…	930	AB	│	│	1102	…	1149	（東京博多間）	1320	1435	…	…	…	1817	…
1292.7	熊本着	1126	…	…	1035		│	│	1204	…	1248		1423	1602	…	…	…	1928	…
	熊本発	1136	…	…	…	（東京博多間）	│	│	…	…	1256		1429	1620	…	…	…	…	…
1328.4	八代〃	1241	…	…	…		│	│	…	…	1337		1508	1733	…	…	…	…	…
1394.0	出水〃	1428	…	…	…		│	│	…	…	1500	C3	1637	1930	…		…	…	…
1445.3	川内着	1618	…	…	…		│	│	…	…	1559		1735	2054	…	…	…	…	…
1474.1	伊集院〃	1713	…	…	…	C3	│	│	…	…	1640	…	1814	2147	…	505	507	…	…
1494.6	鹿児島〃	1750	…	…	…		│	│	…	…	1710	…	1841	2223	…	準急	準急	…	…
	門司港発	…	…	…	…	…	‖	‖	…	…	…	…	（桜島）	…	…	1350	1755	…	…
1100.1	門司〃	…	…	…	…	…	745	930	…	…	…	…		…	…	1401	1805	…	…
1226.5	別府〃	…	…	…	…	西鹿児島着18 26	1036	1328	…	…	…	…		…	…	1654	2048	…	…
1238.6	大分〃	…	…	…	…		1105	1358	…	…	…	…		…	…	1725	2103	…	…
1361.9	延岡〃	…	…	…	…		1347	1738	…	…	…	…	3	…	…	2012	…	…	…
1445.6	宮崎〃	…	…	…	…		1532	2001	…	…	…	…	（京都博多間）	…	…	2147	…	…	…
1495.6	都城〃	…	…	…	…		1642	2111	…	…	…	…		…	…	…	…	…	…
1568.3	鹿児島着	…	…	…	…		1816		…	…	…	…		…	…	…	…	…	…

門司―門司港5.5粁・鹿児島―西鹿児島3.2粁

参照頁 … 東海道本線28頁．山陽本線34頁．鹿児島本線144頁．長崎本線162頁．日豊本線166頁

九州発
最後のブルートレイン

宇都宮照信・栗原隆司

海鳥社

はじめに

ブルートレインが誕生して50年。昭和33年、それまで旧型客車で運転されていた「あさかぜ」号に新型固定編成、冷暖房完備の20系客車が誕生し、10月1日ダイヤ改正から運転された。翌年には「平和」号を置き換え20系客車「さくら」号、35年7月20日には「はやぶさ」号も新型車両となった。38年「みずほ」号、39年には大分行き「富士」号、40年には初の新大阪行き「あかつき」号も誕生した。このころのブルートレインは華やかだった。

私が初めてブルートレインに出合ったのは昭和36年、旧博多駅の1番乗り場だった。列車は長崎から東京に向かう「さくら」号で、蒸気機関車C61形に牽かれ入ってきた。白熱灯の多い博多駅のホームから見た列車の中は、別世界であった。車内は白く、明るく輝き、乗客も綺麗な洋服を着ている。食堂車や1等車、寝台車もピカピカで、各デッキには車掌さんや乗客係が立っている。やがて列車は発車時間が来て出発。駅長が合図を送り、機関士が確認。ゆっくりと博多駅を後にした。

この光景は今でも忘れない。ホームには大勢の見送りがいて、その中を東京に向かう。このときから機関士に憧れ、いつかは蒸気機関車の機関士になり、「はやぶさ」号や「さくら」号などを牽くのが夢になった。

機関士の夢は叶わなかったが、列車に乗務することはできた。食堂車乗務だ。20系寝台特急時代から14系、24系と乗ることができた。今回の本でご一緒するカメラマンの栗原隆司さんと出会ったのもブルートレイン「あさかぜ」号の中。以来、栗原さんとの付き合いは深まっていったが、一方、職場であったブルートレインは年ごとに数を減らし、今では本州へ入るのは1本となってしまった。

そんなある日、栗原さんと話していたら、ブルートレインの話題になり、この本の誕生となった。蒸気機関車時代から現在の電気機関車まで、見て読んで思い出にしていただきたい。

平成21年2月　九州鉄道記念館　宇都宮照信

「はやぶさ」(鹿児島本線・薩摩大川ー西方、昭和62年3月)

みずほ
MIZUHO

はやぶさ
HAYABUSA

さくら
SAKURA

あさかぜ
ASAKAZE

さくら
はやぶさ

Sakura
さくら
Hayabusa
はやぶさ

富士
FUJI

富士
FUJI

はやぶさ
HAYABUSA

富士
Fuji
Hayabusa
はやぶさ

富士
FUJI

彗星
SUISEI

なは
NAHA

明星
MYŌJYŌ

あかつき
AKATSUKI

明星
あかつき

彗星
Suisei
あかつき
Akatsuki

なは
あかつき
NAHA
AKATSUKI

2005.2.28
あさかぜ
ASAKAZE

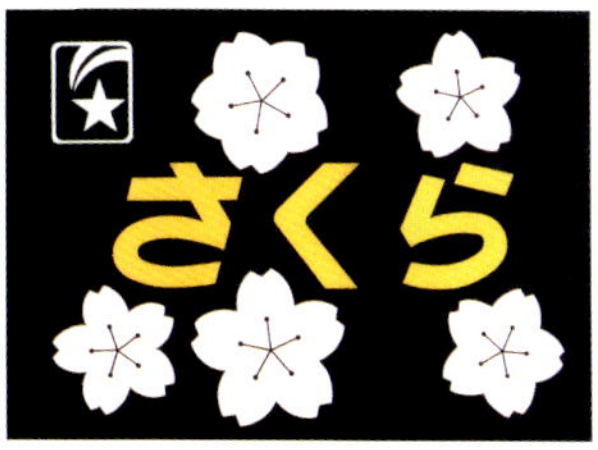

目次

*本文中の路線名、駅間は撮影時のものを使用していますので、駅名改称や新駅開業により、現在とは表記が異なっているものがあります。

EF 66 53
富士
Fuji
Hayabusa
はやぶさ

上＝「富士」（日豊本線・中山香ー杵築，平成18年10月），下＝「はやぶさ」（鹿児島本線・隈之城ー木場茶屋，平成６年４月）

瀬戸内の朝日に迎えられ九州をめざす「富士」
（山陽本線・富海―防府，平成14年４月）

EF66 49

15両もの長大編成で九州を旅立ち東京をめざす。上り「富士」の
牽引は EF81形だった（日豊本線・杵築―大神、平成12年６月）

「富士」が九州最東端を走る（日豊本線・浅海井ー狩生，平成１年11月）

「富士」は宗太郎を越えて宮崎県へ（日豊本線・宗太郎－市棚，平成３年５月）

不知火海の絶景の道を「はやぶさ」が走り去る
(鹿児島本線・上田浦—肥後田浦, 昭和62年9月)

球磨川を渡る上り「はやぶさ」(鹿児島本線・八代―肥後高田，平成8年4月)

相模湾の朝日に照らされ白糸川橋梁を渡れば，「はやぶさ」の終着
・東京まであと少し（東海道本線・根府川―真鶴，昭和58年５月）

「はやぶさ」全力疾走（鹿児島本線・天拝山—原田，平成５年10月）

九州発着 栄光のブルートレイン

日本のブルートレイン。それは、九州から始まった。

その幕開けは、今から50年前の昭和33（1958）年10月1日から東京－博多間の「あさかぜ」に採用された20系固定編成。

20系客車は、それまで使用されていた10系客車などと比べても、はるかにグレードを増したデラックス車両で、客室空間の快適性アップをねらって開発された。ほかの在来客車と連結しない固定編成で、電源車を連結することによりエアコンを完備、食堂車も石炭レンジから電気レンジへと完全電化を実現した。

さらに複層ガラスの固定窓で、蒸気機関車の煙や塵、煤の侵入からも解放された。車両限界いっぱいに拡大された車体は、それまでの角ばった形状の在来車に対して曲線を強調した優雅なスタイルとなり、編成全

体が濃いブルーに塗られ、車体側面に細いクリーム色の帯が3本配されていた。半世紀も前の、まだ窓が開くのが当たり前、冷房車もごくわずかの時代のことである。

夜行寝台特急がブルートレインと呼ばれるようになったのは、この20系客車の登場による。20系客車は「あさかぜ」に最初に使用され、〝走るホテル〟と形容されて一時代を築いた。

20系登場に先立ち、九州と東京とを結ぶ夜行寝台特急群は、まず「あさかぜ」が昭和31年11月に誕生。昭和32年10月には、後の「さくら」となる「さちかぜ」、昭和33年10月には「はやぶさ」、昭和36年には「みずほ」が10系客車の編成で運転を開始している。

20系客車は大好評で、昭和34年7月には「さくら」が、さらに昭和35年7月には「はやぶさ」も20系になった。「みずほ」は昭和37年10月に置き換えられ、「富士」は昭和39年10月の登場時から20系で走っている。そして、九州各地と東京を結ぶブルートレインは、いつしか〝九州ブルートレイン〟と呼ばれるようになっていく。

九州各地と東京とを乗り換えなしに1本の列車で結ぶ夜行寝台特急の

誕生は、夜行急行列車の窮屈な座席で一晩を過ごすという苦行を強いられていた時代に、鉄道旅のスタイルを大きく変えた。

夜行寝台特急は九州各地の各線の最優等列車として、すぐに花形看板特急へと育ち、その地を代表する列車となる。望郷と憧れの気持ちを込めて「ご当地列車」「ふるさと列車」と言われ、またブルートレインに乗って帰ることは故郷に錦を飾ることをも意味したため、「出世列車」とも呼ばれるようになる。福岡は「あさかぜ」、長崎なら「さくら」、鹿児島なら「はやぶさ」というように。

一方、関西と九州各地を結ぶ寝台特急も、昭和40年10月1日に誕生の「あかつき」を皮切りに、「明星」、「彗星」、「なは」が20系ブルートレインや583系寝台電車特急として、続々と誕生している。こちらは〝関西ブルートレイン〟と呼ばれる。

登場から14年を経過した昭和47年3月、九州ブルートレインに転機が訪れる。山陽新幹線岡山開業だ。このダイヤ改正で、14系ブルートレインへの置き換えが始まった。14系は、寝台サイズが拡大され、20系よりさらにゆったりとした空間をもち、中段寝台を電動で昇降させる省力タイプの車両だ。まず「あさかぜ」1往

復、「さくら」、「みずほ」の各列車に14系が採用された。

その後も改良が続き、昭和48年からは電源車方式の3段式寝台の24系（14系は客車床下に発電機がある分散方式）、昭和49年からは2段式寝台の24系25形が増備され、九州ブルートレイン、関西ブルートレインとも、20系からの置き換えが加速される。20系を始祖とし、後継の14系や24系についても、全寝台固定客車編成で運転される夜行寝台特急を「ブルートレイン」と呼ぶようになり、愛称が定着していった。

その頃までは、長距離を移動するにはブルートレインを利用するのが最高の贅沢という時代であった。九州各地から東京まで乗り換えなしに一晩を寝台車でくつろぎ、食堂車で夕食と朝食をとる。途中の駅からも次々に乗車があり、車内はそれぞれの目的地へ向かう大勢の乗客であふれた。すべての列車の中で最優先で運転される、まさに〝鉄路の王者〟であった。

しかし、ブルートレインの衰退を予感させる時がやってくる。新系列客車への置き換えと歩みを同じくするように、飛行機や夜行高速バスなど、ほかの移動手段が台頭し始めたのだ。

昭和50年3月10日の山陽新幹線博多開業は、夜行寝台特急群に大きな変化をもたらす。まず、関西ブルートレインが7往復廃止、九州ブルートレインの「あさかぜ」も1往復がこの時点で廃止となっている。

この年の春、かつての九州の陸の玄関口・門司駅にたたずんでいると、まず未明には関西発のブルートレイン「彗星」が3本、「あかつき」3本、「なは」1本、そして併結と583系を含むと「明星」が6本、続々と九州に上陸してきた。

8時近くになると、東京からの「さくら」、「はやぶさ」、「みずほ」がほぼ15分ごとに雁行し、9時を回れば、名古屋発の583系「金星」を露払いにして「富士」、「あさかぜ1号」と続き、それぞれの列車は九州各地の終着駅をめざした。山陽新幹線博多開業によって数は減ったというものの、まだまだブルートレインは元気だった。

しかし、この後のダイヤ改正で、関西ブルートレインを中心に整理削減が行われ、少しずつであるが、しかし確実に運転本数が減っていく。

昭和59年2月のダイヤ改正では、ついに583系夜行寝台電車特急は全廃、関西ブルートレインは「明星・あかつき」、「なは」、「あかつき」、

「彗星」の4往復のみとなり、16年前の昭和43年10月改正時の水準を下回る結果となっている。

一方、うれしいこともあった。この時の改正で、合理化の名目で取り外されていたヘッドマークが、九州内のブルートレインで復活したのだ。下関－門司間で関門トンネルを走るEF30やEF81など、わずか1駅間の機関車にもヘッドマークがつけられるという徹底ぶりであった。

国鉄末期には、寝台特急の活性化を図るために、〝ロビーカー〟やB個室寝台車〝ソロ〟、〝デュエット〟が連結され、食堂車もオリエント風に改造されるなど、九州ブルートレインを中心に数々の施策が行われている。

しかし、昭和63年3月に開通した青函トンネルを通って北へ向かうブルートレイン「北斗星」の人気とは裏腹に、九州ブルートレインは次第に厳しい現実が忍び寄る。

旅の楽しさを演出してくれた食堂車営業が、平成5（1993）年までに九州ブルートレインからなくなる。

そして、ブルートレイン本体の廃止が、いよいよ始まる。平成6年12月、「みずほ」と博多ゆき「あさかぜ」を廃止。

歴代機関車の顔を飾ってきたブルートレインのヘッドマーク
左下は竹下客車区に意向初代20系ブルートレインの「あさかぜ」，「みずほ」，「はやぶさ」。上りの運用に向けて着々と準備を整える（昭和40年頃）

しばらく安泰だったブルートレインに廃止の加速度がつくのが、平成17年から。平成17年3月には、下関までの「あさかぜ」が廃止され、ついにブルートレインの元祖「あさかぜ」の愛称消滅。同時に「さくら」も廃止。平成17年10月「彗星」、平成20年3月「あかつき」、「なは」が廃止。

そして平成21年3月13日、九州最後のブルートレイン「はやぶさ」、「富士」が廃止される。たくさんの人たちに愛され一世を風靡したブルートレインが九州から完全に消え去る。

ブルートレインに憧れ、ブルートレインとともに育った世代には寂しい出来事である。

高度経済成長の時代に多くの人々の夢と希望を乗せて走り抜け、1人ひとりの胸にそれぞれの思い出と感動を残し、平成に入って次々に姿を消した数々のブルートレインたち。その勇姿をいつまでも心にとどめておきたい。

EF 66 51
さくら
はやぶさ

ED 76 66

EF 66 53
富士
はやぶさ

あさかぜ
ASAKAZE
MIZUHO
はやぶさ
HAYABUSA

ED 76 91
あかつき

EF 30 12
あかつき
AKATSUKI

DE10 69
あかつき

ED 76 94
彗星
SUISEI

EF 30 12
彗星
SUISEI

SUISEI

EF 66 47
彗星
あかつき

EF 30 4
明星
あかつき

EF 66 47
なは
Naha
あかつき
Akatsuki

C60 27
AKATSUKI

EF65 530

EF66 45
あかつき
AKATSUKI

ED7649
明星

明星
MYOJYO

ED76 1020
明星
MYOJYO

ED76 89
なは

EF81 303
なは
NAHA

なは
NAHA

元祖ブルートレイン あさかぜ

「あさかぜ」は昭和31（1956）年11月の東海道本線の全線電化完成ダイヤ改正で、東京－博多間に日本初の夜行特急として誕生した。昼の特急「つばめ」、「はと」（東京－大阪）、「かもめ」（大阪－博多）に次ぐ、国鉄第4の特別急行でもあった。

特急「あさかぜ」の最初の牽引機関車は、東京－京都がEF58形電気機関車、京都－下関がC62形蒸気機関車、関門トンネルがEF10形電気機関車、門司－博多がC59形蒸気機関車であった。当時の最新鋭、最強力機関車である。

しかし当初の使用車両は、特別2等車スロ54形、2等寝台車はマロネ40形にマロネフ29形、3等寝台車ナハネ10形、食堂車はマシ35形という戦前形も混じる陣容で、寄せ集め的な一般客車でのスタートだった。

そして昭和33年10月、快適性を追求した20系寝台特急に生まれ変わる。ブルートレインの誕生である。

走り始めは電源車を含む13両編成で、2等寝台車にはルーメットと呼ばれた国鉄初の1人用個室もあるナロネ20形、2等寝台Bクラスのナロネ21形、3等寝台ナハネ20形、食堂車ナシ20形のほか、2等・3等の座席車ナロやナハも連結されていた。

〝走るホテル〟と形容された新型20系夜行寝台特急「あさかぜ」は、同時期に運転を開始した東海道本線の151系電車特急「こだま」とともに、国鉄特急の2大スターとして迎えられた。

やがて20系「あさかぜ」編成は、昭和39年10月の東海道新幹線の開業で座席車を廃し、昭和40年3月までに食堂車を除きすべて寝台編成となった。

その後も「あさかぜ」の好調な利用は続き、昭和43年10月に第2の「あさかぜ」1往復が東京－博多間に増発。さらに昭和45年10月には、東京－広島間の急行「安芸」の格上げ延長の形で東京－下関間に第3の「あさかぜ」も誕生する。そしてこの列車に充当する20系客車で新造増備は打ち切られ、次世代の新型14系ブルートレインへと移っていく。20系客車の製造は昭和33年から18年にわたり、総数は474両を数えた。

昭和47年3月に博多ゆき「あさかぜ」1往復を14系化。

昭和50年3月の山陽新幹線博多開業による輸送力調整で、3往復体制から下関ゆき「あさかぜ」との2往復となる。

昭和52年9月には下関までの「あさかぜ」が、翌年2月には博多までの「あさかぜ」が、3段寝台からさらに居住性が向上した2段寝台24系25形化された。

国鉄分割民営化が迫る中、「あさかぜ」の寝台設備などの改善・改良が行われる。昭和61年11月、食堂車が星空バー風のグレードアップ車になり、さらに翌春には復古調インテリアのオリエント風食堂車を投入。ほかにもB寝台車のグレードアップやシャワー室のあるB個室寝台の連結など、利用率向上策が試みられた。

分割民営化後は、北ゆきのブルートレイ

昭和31年11月19日，東京－博多間で運行開始
昭和33年10月１日，20系客車に変更
昭和45年10月１日，東京－下関間の運行開始
平成６年12月３日，臨時列車に降格
平成12年12月３日，東京－博多間廃止
平成17年３月１日，東京－下関間廃止

ン群の好調さとは裏腹に、九州ブルートレインの利用客は低迷。栄華を誇った「あさかぜ」も、ほかの九州ブルートレインと同様に、平成５（１９９３）年３月に食堂車の営業を休止。
　そして平成６年12月改正で輸送力調整が行われ、ついに博多発着「あさかぜ」は、毎日走る定期列車から多客期のみ運転の「あさかぜ81号・82号」という臨時列車に降格された。この改正では、「みずほ」も「さくら」と統合するかたちで廃止され、九州ブルートレインの廃止を予感させる動きが始まったのである。
　平成12年12月には博多「あさかぜ」は完全廃止、そして平成17年３月、最後まで残っていた下関「あさかぜ」の廃止で「あさかぜ」の愛称は消滅する。この時、沿線は大騒ぎとなり、伝統列車への餞（はなむけ）となった。

富士山を背に「あさかぜ」上京（東海道本線・函南ー三島, 昭和56年４月）

上──祝賀ムード一色の「あさかぜ」初日のホーム。紙テープの見送りシーンが懐かしい。開放式の窓に旧型車両を寄せ集めた編成であることがうかがえる（旧博多駅，昭和31年11月19日）

右・上──旧博多駅構内とホーム。寝台特急「あさかぜ」運転を祝う万国旗に祝賀ムードが漂っている（昭和31年11月）

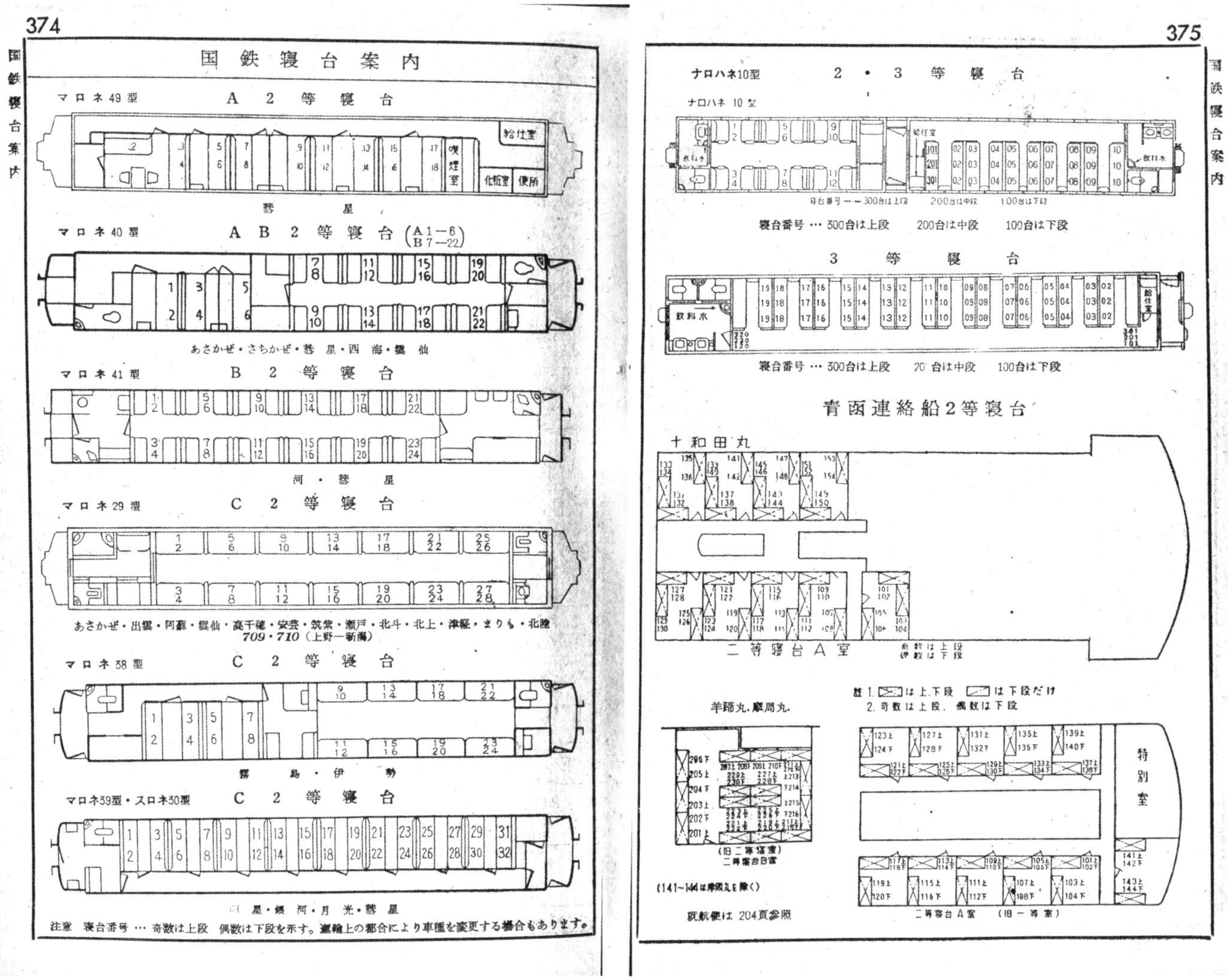

列車食堂

1　料理・飲料の種類と価格

種別		特別急行	普通急行
朝	洋定食	200円（あさかぜ さちかぜ）	150円
朝	和定食	150円	120円
昼・夕	ビーフステーキ定食	480円	330円
		330円（あさかぜ さちかぜ）	東海道山陽本線通過の列車に限る
	プルニエ定食	285円	225円
	チキン定食	330円	
	ミート定食	285円	225円
	お好み定食	330円	250円
	幕の内	285円	190円
昼	ランチ		225円
一品料理		50円より225円までの各種の料理があります	

飲物（各列車）			
清酒	特級酒1合 140円	オレンヂジュース	55円
	1級酒 〃 110円	サイダー	45円
ビール	大壜 145円	レモネード	30円
	小壜 80円		
	黒（小） 85円	ジンヂャエール	30円
ウイスキー		タンサン	25円
	1級 30cc 80円	コーヒー	50円
	舶来品 〃 180円	紅茶	40円

2　定食時間

朝	昼	夕
6〜8時	11〜13時	17〜19時

（注）1．清酒特級は北海道内各列車を除く列車で取り扱っております。
　　　2．1人1回の飲食代金が300円をこえたときは10%の遊興飲食税が課税されます。

昭和32年の「あさかぜ」の車両案内と食堂車メニュー

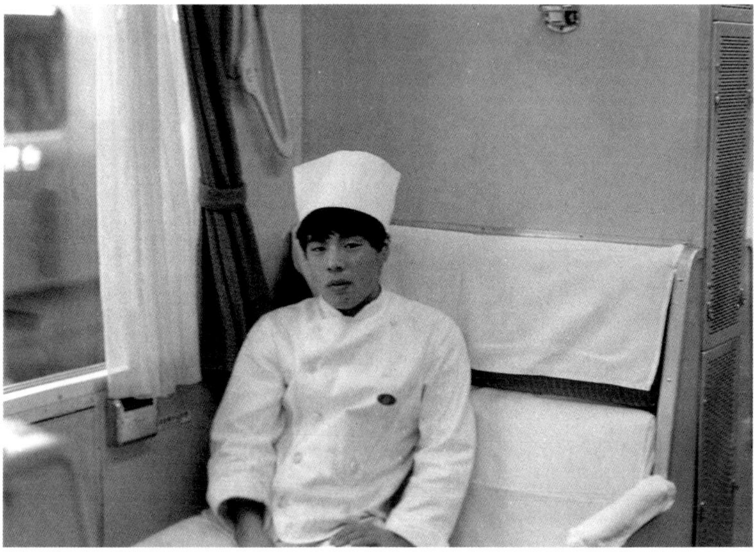

上――ナロネ21形寝台車。「プルマン式」と呼ばれる開放式２段寝台で，ゆったりとしていた（昭和44年12月）

下――昭和31年の旧博多駅前周辺。ボンネット型バスやレトロな乗用車，家並みに時代を感じる。奥には西鉄福岡市内線の姿もある。この博多駅が姿を変えるのが昭和38年のこと

上──博多を出発した20系ブルートレイン「あさかぜ」。これから東京をめざし，17時間30分走り続ける。これ以前の直通急行列車「筑紫」は24時間かかっていたが，「あさかぜ」はそれを6時間半も短縮。文字通り特別急行列車であった（旧博多駅，昭和36年11月）

右──食堂車メニュー。上は昭和30年，下は昭和34，35年頃（『日本食堂三十年史』より）

下──ナシ20形食堂車（昭和44年12月）

出発を待つ「あさかぜ」の横で「はやぶさ」が待機する（博多駅，昭和39年７月）

受験のため憧れの20系「あさかぜ」で上京する友の見送り（博多駅，昭和46年２月）

下り特急「あさかぜ」は間もなく本州最西端に到達する（山陽本線・長門一ノ宮一幡生，昭和50年3月）

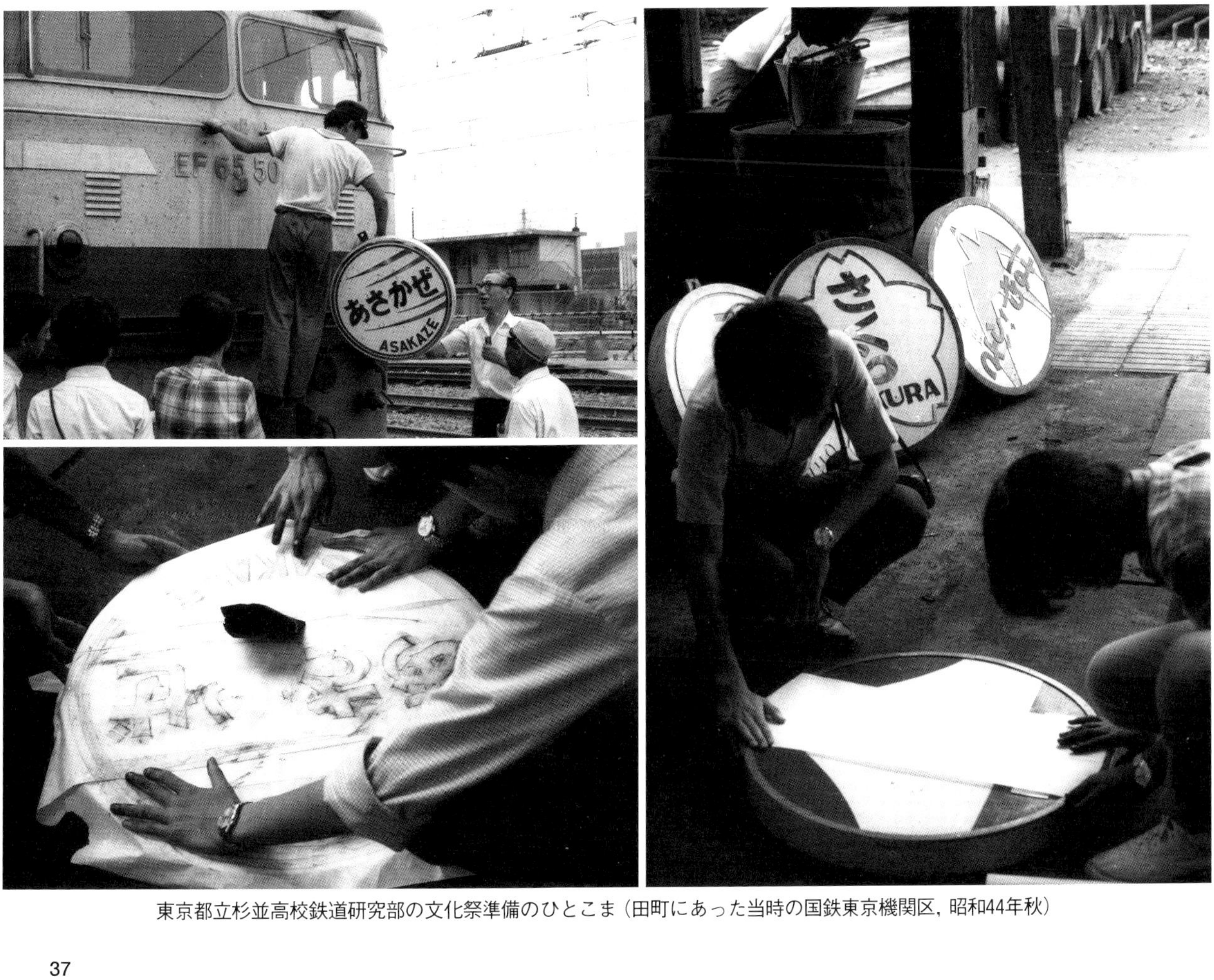

東京都立杉並高校鉄道研究部の文化祭準備のひとこま（田町にあった当時の国鉄東京機関区，昭和44年秋）

上――「はやぶさ」編成に導入されたカニ22。電源車にパンタグラフを装備し，直流区間では架線から電源を取って電動発電機により電源を供給していた。しかし，自重59トン，軸重16トンと超ヘビー級で八代以南には入れなかったことや，交流区間では集電できずディーゼル発電を余儀なくされるなど制約があったため，6両が製造されたにとどまった。主に「さくら」，「みずほ」に使用された。「あさかぜ」への運用は珍しい。昭和40年頃にはパンタグラフを撤去，ディーゼル発電機のみの使用となった（博多―竹下・上り回送，昭和40年頃）

左――20系寝台特急「あさかぜ」15両編成が，最後の勇姿を披露する（鹿児島本線・遠賀川―海老津，昭和47年2月）

右 ──「あさかぜ81号」。白ラインが急行運用の車両下部と腰高の２本線になっている20系車両を寄せ集めて運転が始まった臨時特急。20系晩年の姿（品川客車区，平成元年頃）
下 ── 20系「あさかぜ」と昭和47年に14系化された「みずほ」（品川客車区，平成元年頃）

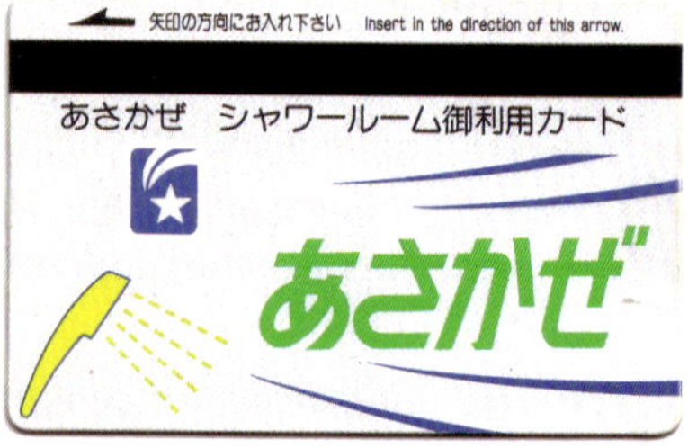

上・右──博多へと旅立つ「あさかぜ」の東京駅での見送り風景。入場券を買ってホームまで行き，旅立つ人たちを見送った（平成元年秋）

下３枚──寝台通路にある腰かけを引きだし，流れる車窓風景を楽しむのも，ブルートレインの旅の楽しみの１つだった

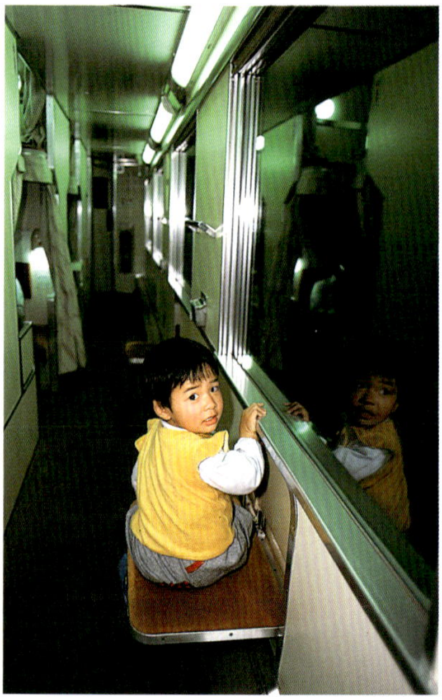

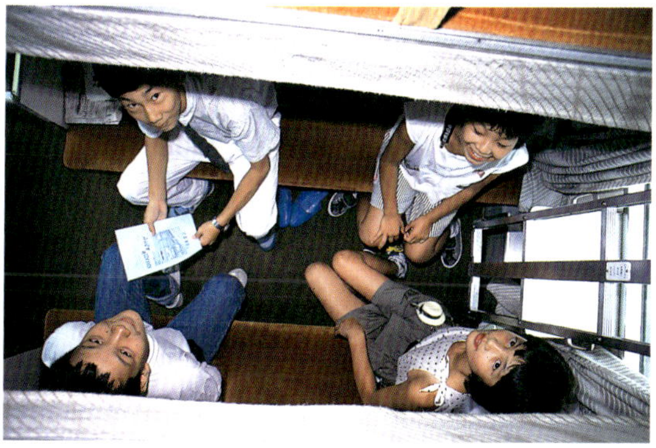

上左・左──24系25形の２段式Ｂ寝台は座っても窮屈感がない。定員は４名
上中──「あさかぜ」のＡ個室寝台シングルデラックス。個室内には洗面台も装備されている
上右──リニューアルされた「あさかぜ」の洗面台
下──昭和62年春から連結された２人用Ｂ寝台個室“デュエット”。ドアを閉めると完全個室となり，カーテン１枚だけの開放式Ｂ寝台車２人分と同額で利用できるため，好評を博した
右──車内改札時に車掌さんから手渡しされるシャワールーム御利用カード

星空バー風食堂車。4人掛けテーブルが6組と，ミニ宴会ができるソファーが厨房の反対側に配置された。壁には星座と天の川を模した装飾もあり，青い列車の雰囲気を醸し出す（昭和62年5月）

オリエント風食堂車（昭和62年８月）。赤を基調にやわらかいオレンジ色の光が車内を包み込む。ディナーメニューの椿御膳（1600円），ビーフシチューアラモードセット（1600円），海の幸盛り合わせシーフードセット（1400円）などが食卓を飾る。。モーニングタイムの洋風朝定食（850円）には，トマトジュースに果物のデザートもついた。ブルートレインの旅を演出する食堂車は，外からのぞいても独特の雰囲気があった

コンパクトにまとめられた厨房では，調理師，調理助手，配膳係のコックさんたちの手で，手際よく料理が仕上げられる。「あさかぜ」には，酒・ウイスキーと，つまみセットの特別バリエーションもあった
下は，オシ24形702番車の車体側面標記。「オシ」の「シ」が食堂車であることを表す。金帯はグレードアップ車を示した。夜空をイメージした青系統の内装が施されていた

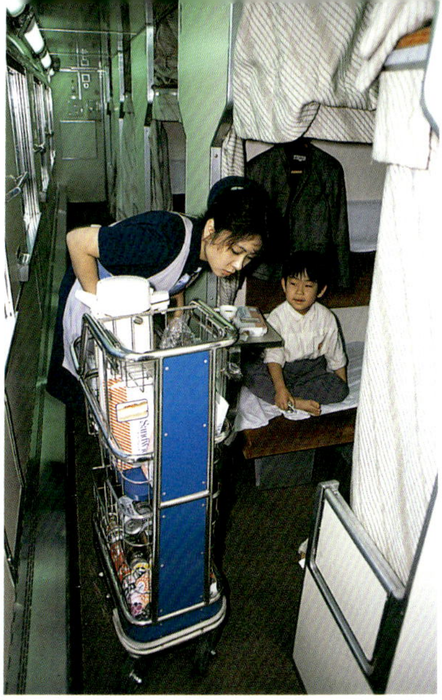

上２枚── 車掌さんによる車内改札
上右── 食堂車スタッフによる車内販売。食堂車に行かずとも，サンドイッチや弁当，飲料を購入できた
右── 車掌さんが持つのはシャワールーム御利用カード。300円で３分間お湯が出た。Ａ個室寝台シングルデラックス利用者に渡されたカードキー
下── ドア扱い担当の車掌さん
下右── 電源車荷物室から新聞などの積み下ろし（東海道本線・名古屋）

博多から東京をめざし，夜通し走り続けた10レ
「あさかぜ」が，天竜川に向かう（平成12年３月）

遠く東京から博多をめざす９レ「あさかぜ」。堂々の24系25型15両編成（鹿児島本線・東郷－東福間，平成元年10月３日）

夜行寝台特急を撮る

国鉄分割民営化直後の昭和62年4月から立て続けに、食堂車などがリニューアルされた「あさかぜ」を追跡取材した。この時に初めて、食堂車のコック長・宇都宮照信さんと出会っている。

当時の私は神奈川県在住のフリーランスのカメラマン。鉄道誌「鉄道ジャーナル」の仕事もしていた。この雑誌の看板企画が〝列車追跡シリーズ〟で、ある列車に始発駅から終着駅まで同乗取材し、臨場感あふれる写真や文でその列車の特徴や魅力を読者に届けるのである。刻々と変化する車内や途中駅での様子を、そこに働く人たちやお客さんを絡めてルポしていく。

回送列車に乗れたり、運転室への添乗取材があったりと、普段では体験できないこともずいぶんあり、鉄道好きには大変面白く、やりがいのある仕事である。

*

博多ゆき9列車「あさかぜ1号」は、東京駅を〝九州特急〟5兄弟の一番最後、18時45分の発車。

18時22分に9番のりばに回送列車が到着する時から、列車追跡の撮影は始まる。本日の「あさかぜ1号」は回送列車入線から発車まで23分もあり、いろんなカットを撮る余裕がある。回送列車の入線から機回しの様子、また列車時刻案内板、ヘッドマークにテールマーク、乗り込むお客さんなどを撮る。始発駅の様子を撮影しながら、先頭から最後尾まで電源車を入れて客車14両分のホームを歩く。さらに隣のホームから列車編成も撮影。

発車のベルが鳴り始めるまでホームで粘り、一番近くのドアから発車寸前に重いカメラバッグと三脚をかついで飛び乗る。これはスリル満点だった。

それから乗務車掌さんに取材のご挨拶をする。事前に出版社から取材申請が出されていて、これでお客さんが寝静まった深夜にも、安心してカメラ片手に車内を徘徊できることになる。

また固定窓になっているブルートレインでは、窓が開く乗務員用窓から外の様子を撮影させていただくことも多い（大雨の中、外の景色を撮りビショ濡れで席に戻ると、なんで濡れているのだと驚かれたこともある）。

深夜、運転士交代や牽引機関車の交換などのため、また単線区間では行き違いのために、お客さんの乗降のない〝運転停車〟と呼ばれるものがある。この時は客車のドアは開かないので、ドアコックを緩めてもらったり、車掌室ドアより外へ出してもらったりして撮影をすれば、写真の視点がまた増える。

「9列車、運転士さん、ドウゾ」と、運転担当の車掌より無線連絡。

「ハイ、こちら9列車運転士、ドウゾ」と、先頭の機関車に乗務する運転士から返答無線あり。

「9列車、発車！」と車掌。

「9列車、発車！」と運転士から復唱があり、9列車はカクンと動き出す。

各停車駅では、ドア閉めの安全確認後に車掌から運転士へ出発合図を送る。定時運転、安全運転のためにも、この連係プレーは欠かせない。案内放送に車内改札、停車駅でのドアの開閉にホームの安全確認、車内の温度調整に車内巡回と、車掌の仕事は延々と続く。

次は車内撮影。お客さんがあってこその列車追跡で、無人の車内では臨場感もない。今ほどではないにしても、20年前でも肖像権やプライバシーはあり、むやみに撮影はできない。

この「あさかぜ」には、目的も年齢も違うさまざまな人たちが乗車している。誰でも突然、写真に撮られたりするのは嫌なもので、車内風景を撮影する時は、先にお断りして撮影する。

お子さんやお孫さん連れだと撮影のお願いはまずOKで、仲良くなり、下車駅で笑顔でバイバイなんて最高のケース。若い女性も2人以上なら大丈夫。長距離を移動するブルートレインで幾度となく顔を合わせるうち、1人でも気軽に撮影に応じてもらえるようになる。

たくさんの人たちに笑顔で応じていただき、感謝しながらシャッターを切る。

今回のあさかぜ追跡の目玉は、豪華にリニューアルされた食堂車の車内風景の

関門間の牽引はEF81形300番台。これから関門トンネルに突入し，九州へと上陸する（山陽本線・下関一門司，昭和60年4月）

撮影。当然、混雑時間は避け、お客さんにお断りしながらの撮影だが、やはり食事の場に三脚を持ち込むわけだから神経を使う。

厨房は狭かった！　コックさんたちの調理の手際良さに撮影が追いつかず、そこで止めて下さいとお願いする始末。

13両分1往復520メートルの車内を何度も行き来して、途中駅では外からの撮影もあり、あっという間に時間が経過する。深夜の名古屋を23時40分に発車すると、運転停車を除き、明早朝、4時16分の岡山までお客さんの乗降停車はない。23時には夜の営業が終了した食堂車に三人の車掌さんが集合して、ノリホ（今日の乗り具合を報告する書類）の確認と明朝までの打ち合わせが始まる。食堂スタッフは遅い夕食タイムだ。

午前1時を回り京都を過ぎれば、取材班にもわずかな休息タイムが訪れる。

「あさかぜ1号」の朝は、5時14分の尾道を発車する頃から始まる。食堂車では車内販売用のサンドイッチ作り、朝定食の準備が進む。徹夜で「あさかぜ1号」の走りを見守ってきた車掌さんたちも、食堂車に集合して一服。お相伴させていただいたコーヒーの旨かったこと！

この後は、夜明けとともに車内は戦場だ。営業開始の食堂車からは朝定食が次々と消えていく。車販のサンドイッチも飛ぶように売れ、コーヒーの香りが寝台車の中にも充満する。洗面所もラッシュアワーに突入だ。

山口県に入ると停車駅が増え、車掌さんたちも大奮闘となる。「忘れ物はありませんかあ、下車準備の皆さん！」。カメラマンの私も、下車客を追い掛け、右往左往。

次には下関と門司の大イベントが待っている。東京から下関まで夜を徹して「あさかぜ1号」を牽引してきたブルーのEF66形から、関門の銀ガマ機関車EF81形300番台に交代させる作業風景の撮影である。

機関車誘導掛は、すでに「あさかぜ1号」の到着前からEF66の切り離し位置に待機、到着とともにすぐにブレーキホースを切り、機関車交換作業に入る。前に電源車が1両連結されており、客車最前部のドアから、20メートル余を猛ダッシュだ。

引き上げ線にEF66が去り、入れ替わりにEF81が誘導掛に導かれ登場、ソロリソロリと連結完了する頃にはもう発車ベルが鳴っている。またしても猛ダッシュ。関門トンネル走行中に息を整え、次の門司では九州の赤い電気機関車ED76への交換作業風景の撮影が待っている。

ブルートレインを語る時、この2駅の様子は重要なポイントだった。ここさえ乗り切れば、小倉停車と、博多での終着駅風景の撮影をすれば、今回の列車追跡は終了となる。

（栗原）

遅れたあさかぜ

平成2（１９９０）年3月18日15時30分、博多営業所に出勤。コックコートに着替え、調理場で検品。

15時40分、テーブル、車販係、調理係の全員で出発点呼。

16時04分、博多駅から７１５系電車に乗って竹下客区へ。ホームから業務用通路を通り機関車の前を渡って、10列車「あさかぜ」号に乗り込む。その後、材料の下ごしらえを行い、車内の飲料や備品をチェック、17時過ぎに準備完了。出発を待つ。

17時30分、ＥＦ81形４１２号機に牽かれ竹下の洗浄線を後にする。列車はポイントをいくつも渡り本線に出てゆく。

17時35分、博多駅4番乗り場に到着。ここで補充材料の積み込み。

17時38分、定刻に発車。車内では車掌長の車内アナウンスが終わり、列車は多々良川を定時で渡る。

ところが香椎操車場を通過する頃に急に減速。次は香椎駅。所定だと80キロぐらいで2番線を通過中であるが、今日は少し違う。とうとう停車してしまった。しばらくすると車内アナウンスがあり、先行列車が踏み切りで事故に遭い止まっているとのこと。そのため、「あさかぜ」号も動けなくなってしまったのだ。

1時間たっても2時間たっても、列車が動く気配はない。やがてあたりも暗くなり、お客様にも炊き出しが届いた。駅の人の話では、22時過ぎに下り線は開通するとのことだった。やがて下り列車が香椎駅に到着。下りの車掌さんによると、上り列車はまだだいぶかかるとのこと。食堂車の営業は22時過ぎに終わりのはずだが、すでに0時を過ぎた。車掌長も指令と連絡、営業はここで終了となった。

始発の博多を出て7分ちょっと走っただけで、後は止まったまま。開通したのは翌19日3時35分。香椎駅に9時間56分間の停車。

少し休んでいるうちにうとうととしてしまった。気がつくと列車は厚狭駅を通過、5時過ぎには宇部駅で下り「みずほ」号と出合った。車内では車掌さんが食堂車に集まり、お客様に新幹線へ乗り換えてもらう手配を進めていた。宇部を出ると小郡駅に臨時停車、新幹線「ひかり」２Ａに接続することとなった。上り「あさかぜ」号で朝の小郡機関区を見るのは初めてのことだった。ＤＤ51やＣ57形機関車も見えた。

お客様は小郡駅で新幹線に乗り換えたのでゼロ。それでもここから広島駅まで営業運転し、そこから新大阪までは回送列車となり、乗務員は便乗扱いとなった。

宮島あたりから調理室の窓をあけ、景色を楽しむことにした。上りでは本来夜遅くに通る場所だが、下りの時間帯のようだ。広島運転所を見て、瀬野－八本松の急勾配を登ってゆく。沿線には「あさかぜ」号にカメラを向けるファンもいた。

列車は姫路駅を通過。この付近で車掌長から今日は向日町運転所に入区することが伝えられた。大阪駅に到着後、新大阪駅を通過し向日町運転所に着いた。隣には、「なは」号や「あかつき」号も到着していた。その後には、「はやぶさ」号も到着。「あさかぜ」号の隣には「あかつき」号、その隣には「なは」号などが並んでいる。めったに見られない光景だった。

後で聞いた話だが、「みずほ」号、「さくら」号、「あかつき」号などは筑豊本線経由で運転されたとのこと。「さくら」号乗務であれば筑豊本線で来たのにと思った。

向日町は夜行急行や昼行急行、特急時代にお世話になった場所だ。思い出の向日町運転所で深夜1時過ぎまで待機した。「あさかぜ」、「はやぶさ」号の機関車は吹田機関区での検査後に向日町に回送、下り「あさかぜ」号に連結され新大阪に向かった。そして深夜、新幹線からのお客様を乗せ博多へ向け発車した。

長く乗務しているといろんなことに出合う。「あさかぜ」東京下りで熱海付近の集中豪雨のため抑止されたことがある。列車は御殿場線経由の迂回運転となり、ＥＦ66形機関車から東京機関区のＥＦ65ＰＦ形に変更され、横須賀線を通る運転と決まった。途中の横浜で熱海付近復旧

京都・向日町運転所（平成2年3月19日）

の知らせが入り、所定コースを50分遅れで下った。

また、「あさかぜ」号下りで台風と出合ったこともあった。広島駅を定時で発車、宮島駅を出る頃には風が強まり、岩国を過ぎた所では海岸線の堤防を波が越えてきていた。列車は速度を落とし雨と風、越えてくる波の中を走っている。徳山を過ぎた所で、この先の海岸で満潮の波が線路を越えているとのことで戸田駅に臨時停車。引き潮を待つことになった。

夜行急行時代も含めいろんな所で退避、迂回などがあった。平成元年6月2日、下り9レ乗務の時には、関門トンネル内でEF81-410号機が運転不能となり46分停車、救援のDD51重連に引かれ門司駅に着いたし、山陽本線・須磨海岸付近でEF66形が牽く「さくら」号がトラックと衝突脱線する事故などもあった。

その昔にもいろんな所を迂回した記録がある。

昭和36年8月13日、尾道-糸崎間で落石に急行貨物列車が乗り上げ38時間の不通となり、202レ「かもめ」号と10レ「はやぶさ」号が芸備線、伯備線を迂回している。38年5月31日には鹿児島本線・薩摩大川-西方間が土砂崩壊で普通となり、上り「はやぶさ」号は日豊本線、肥薩線経由で運転され、大畑越えはD51-170号機が担当している。その年の8月13日には山陽本線・岩田-島田間の擁壁崩壊で不通となり、岩徳線経由で運転された記録がある。11月11日には本由良-厚東間で下り「みずほ」号が軌条ジャッキをはねエアーホースを切り停車。そこに後続の「あさかぜ」号が追突、両列車とも運転打ち切りとなっている。昭和42年には城山峠の事故で鹿児島本線経由を筑豊本線に迂回措置がとられ、夜行急行やブルートレインは蒸気機関車に牽かれて冷水峠を越えた。

大雨や台風、事故などで遅れても、長距離急行、特急列車は優先的に運転されていた。台風接近の情報がある日に乗務すると、時間からして夜明けにはぶつかるね、という話を車掌長からよく聞いた。雨でも風でも事故でも、ブルートレインはどこかのルートを使って運転されていた。それほど当時は重要な列車だった。現在、ブルートレインは電車特急に道をゆずり、最優先で走ることはなくなってしまった。

（宇都宮）

［平成2年3月18日　10列車「あさかぜ」号、9時間遅れの編成］

電源車カニ24101、①号車オハネフ25-128、②号車オハネ25-129、③号車オハネ25-125、④号車オハネ24-703、⑤号車オロネ25-702、⑥号車オハネ25-701、⑦号車オシ25-705、⑧号車オハネフ25-144、⑨号車オハネ25-151、⑩号車オハネ25-144、⑪号車オハネ25-141、⑫号車オハネ25-147、⑬号車オハネ25-218、⑭号車オハネフ。以上15両編成で車両は品川区の所属。機関車は九州内をEF81-412(大)、本州下関-向日町間をEF66-45(関)が担当した。

伝統の長崎発着ブルトレ さくら

第2の〝九州特急〟「さくら」は戦前の話から始めなければならない。大正12（1923）年7月から東京－下関間に設定されていた3等車を主体にした特別急行3・4列車に、昭和4（1929）年9月、「櫻」と愛称がつく。昭和17年11月の関門トンネル開通で鹿児島延長が実現するが、急行格下げとなり、「櫻」の愛称は一度消滅する。

そして、戦後復興期の昭和32年10月に、長崎本線初の夜行寝台特急として東京－長崎間に「さちかぜ」が登場。翌年10月に「平和」に改称、さらに昭和34年7月に20系寝台車に生まれ変わって「さくら」と改称された。ここに長崎本線を走るブルートレイン「さくら」が誕生した。13両編成で走り始め、博多で6両を切り離し、長崎へは7両で走った。

昭和36年10月のダイヤ改正では、「つばめ」と「はと」が客車特急から電車特急化され、「さくら」は栄光の1・2列車を名乗ることとなる。

昭和40年10月には佐世保ゆき「さくら」も誕生。肥前山口で分割・併合を行うようになる。

昭和43年10月改正では、「はやぶさ」の付属編成が長崎にも乗り入れを開始して、長崎「はやぶさ」が誕生。新大阪からの「あかつき」を含め、長崎本線のブルートレインは3往復体制となる。

この時点での編成は、長崎「さくら」はプルマンスタイルの1等寝台1両に2等寝台が5両、食堂車1両に電源車1両の8両編成、一方の佐世保「さくら」は、同じくプルマンスタイルの1等寝台1両に2等寝台が6両、これに簡易電源車マヤ22形が加わる8両編成だった。ちなみに長崎ゆき「はやぶさ」も佐世保「さくら」と同じ構成であった。

昭和47年10月には20系が「さくら」から引退、新鋭の14系客車が投入される。この時の編成は、長崎ゆき「さくら」が、開放式A寝台オロネ14が1両、3段式B寝台6両、食堂車1両の8両編成。佐世保「さくら」がB寝台のみの6両編成となった。分散電源方式の14系の投入で、長崎「さくら」は電源車をなくして寝台客車としたことで、実質1両の増結となった。

そして、昭和50年3月の山陽新幹線博多全通ダイヤ改正で運転系統の変更が行われ、長崎20系「はやぶさ」は廃止（この時点で鹿児島「はやぶさ」は24系化）、長崎14系「みずほ」が走り始める。

昭和53年7月には東海道・山陽路の牽引機をEF65形500番台P型からEF65形1000番台PF型に変更（昭和40年10月にも、EF60形500番台からEF65形500番台にバトンタッチしている）。昭和58年から3段寝台の2段寝台化を始め、翌年7月に長崎「さくら」へ個室B寝台カルテットを連結、2段寝台化が完了する。

昭和60年3月には東海道・山陽本線の牽引機をEF66形に変更。EF66形は貨物牽

昭和32年7月1日，東京－博多間で不定期列車「さちかぜ」運行開始
昭和32年10月1日，東京－長崎に区間変更，定期列車化
昭和33年10月1日，「平和」に改称
昭和34年7月20日，20系客車に変更。「さくら」に改称
昭和40年10月1日，東京－佐世保間の運行開始
平成11年12月4日，東京－佐世保間廃止。「はやぶさ」との併結運転開始
平成17年3月1日，東京－長崎間廃止

引用機関車の印象が強かったが、その独特のスタイルとパワーで、直流電化区間のブルートレインの牽引機としての地位を不動のものとし、東海道、山陽路の顔として定着した。EF66形は当初、九州ブルートレインのみの運用だったが、後年には関西ブルートレインの牽引も行うようになった。

国鉄分割民営化から7年、「さくら」にも廃止の足音が聞こえ始める。

平成5（1993）年3月、食堂車の営業を休止して売店営業基地とし、食堂車のテーブルや椅子は、乗客の食事休憩用スペースとして開放することとなった。これは九州ブルートレインから食堂車が消えるという大変な出来事だった。

14系「さくら」（品川運転所，平成１年12月）

平成6年12月には長崎「みずほ」が熊本ゆきと同時に廃止、長崎からの東京ゆきブルートレインは「さくら」のみとなる。

平成11年12月には佐世保「さくら」を廃止して、熊本ゆき「はやぶさ」と東京－鳥栖間で併結運転に。これで佐世保からの東京ゆきブルートレインが消滅。

「さくら」は長崎ゆきのみの14系6両編成の寂しい姿となる。A寝台オロネ14形、非営業の食堂車オシ14形も連結を取り止め、1人用B寝台個室ソロ15形2000番台の連結を開始。

平成12年3月のダイヤ改正からは、博多－長崎間で後続の電車特急「かもめ」に3本も追い越されるようになる。さらに単線区間での列車行き違いの運転停車も加わるなど、厳しい運転が続いた。この改正時の同区間の「さくら」の所用時間は3時間10分。対して最初に鳥栖で「さくら」を追い越す振り子式885系「白いかもめ9号」は1時間51分の運転であった。

昭和43年10月ダイヤ改正時の運転時間は3時間1分。長崎本線はまだ非電化で、ディーゼル機関車DD51形が牽引、さらに市布経由の短絡新線の開通（昭和47年）前で、旧線の大草経由で本川内への険しい峠越えをしていた時代よりも、運転時間が延びてしまっている。

また上り「さくら」は鳥栖での併結入れ換え作業に13分も費やし（併結相手の「はやぶさ」は27分停車）、もはや特別急行列車としての体をなさなくなっていた。

平成14年3月には5両編成に減車、そして、平成17年3月1日、ついに廃止。これで長崎から東京ゆきブルートレインは消滅した。

ED73形電気機関車からC60形蒸気機関車にバトンタッチ。「さくら」は付属編成を博多駅で切り離すため，非電化区間・鳥栖—長崎間を牽引する蒸気機関車とは博多駅でその任を交代する。博多を出た「さくら」は鳥栖駅に停車せず，佐賀までノンストップで走った（博多駅，昭和39年４月２日）

昭和59年２月１日に九州内の特急列車にヘッドマークが復活。それを機に撮影熱がファンの間で広がっていく。その時期の上り「さくら」（博多駅，昭和59年８月）

博多一長崎間を牽引するC60形蒸気機関車は，鳥栖にあった機関区で給炭，給水したあとバック運転で博多駅まで単機回送され，任務の時を待つ（博多駅，昭和40年頃）

長崎駅構内で入れ替え作業中の20系「さくら」。牽引機は重連総括型となったDD51形623号機。これから検修線に入って点検を受け，洗浄線で化粧直しをすませてから，夕方の上り運用に備える (昭和46年 9 月)

肥前山口駅で長崎編成と佐世保編成が併結され，佐世保編成を牽いてきた機関車が門司まで担当する。現在でも長崎本線の783系ハイパーサルーンの「かもめ」と「みどり」，「ハウステンボス」は当駅で併解結を行っている（昭和60年５月）

非電化の長崎・佐世保両線はディーゼル機関車DD51が牽引したが，早岐から３駅先の佐世保までの間はC11形タンク式蒸気機関車が先頭に立った。早岐がスイッチバックする線形だったので，機回しによる機関車付け替えの手間を省くためだった（佐世保線・早岐駅，昭和41年４月）

上──14系「さくら」の食堂車の朝食風景。朝もたくさんのお客さんでにぎわった（昭和62年夏）
左──寝台車通路にある腰かけで，流れ去る車窓の移り変わりを楽しむ
下２枚──昭和58年までは14系は３段寝台だった。修学旅行でブルートレインを利用することも，この頃までは多かった。仲良し６人が集まると，楽しい会話が弾み，ブルートレインの一夜の大切な思い出となる

左上──有明海の地形に沿って海辺の道を走り，入り江を渡り，終着・長崎をめざす（長崎本線・多良－肥前大浦，昭和63年５月）
左下──夕日に見送られ，はるか東京をめざし嘉瀬川を渡って，佐賀平野を東へ（長崎本線・鍋島－久保田，平成10年10月）

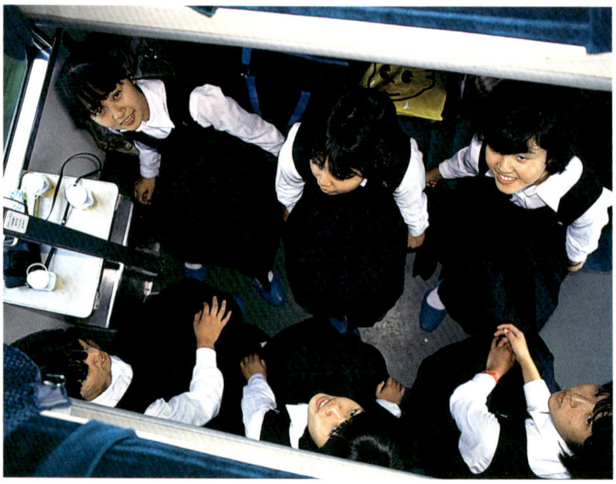

上 ── 長崎駅検修線に勢ぞろいした14系５形「あかつき」，14系「さくら」，14系「みずほ」。これに臨時特急が運転されてブルートレインが４編成並ぶこともあり，その姿は圧巻だった（昭和63年７月）

右 ── 長崎まで「さくら」を牽引した機関車はホームに客車を残して機関区に向かうED76形（長崎駅，昭和61年10月）

下 ── 上り「さくら」最後の仕業に向けて，洗浄線に入り汚れを落としてもらう14系。この日の夜が最後の東京ゆきだった（長崎運転所洗浄線，平成17年１月30日）

上──「さくら」佐世保編成。早岐から佐世保へは家並みを縫うようにして終着を目指した（佐世保線・日宇ー佐世保，平成３年12月）

中──佐世保4002レ「さくら」。佐世保編成では貨物色のED76がヘッドマークをつけて牽引したこともあった（佐世保線・佐世保，62年12月）

下──「さくら」佐世保編成最後の日（佐世保，平成11年12月３日）

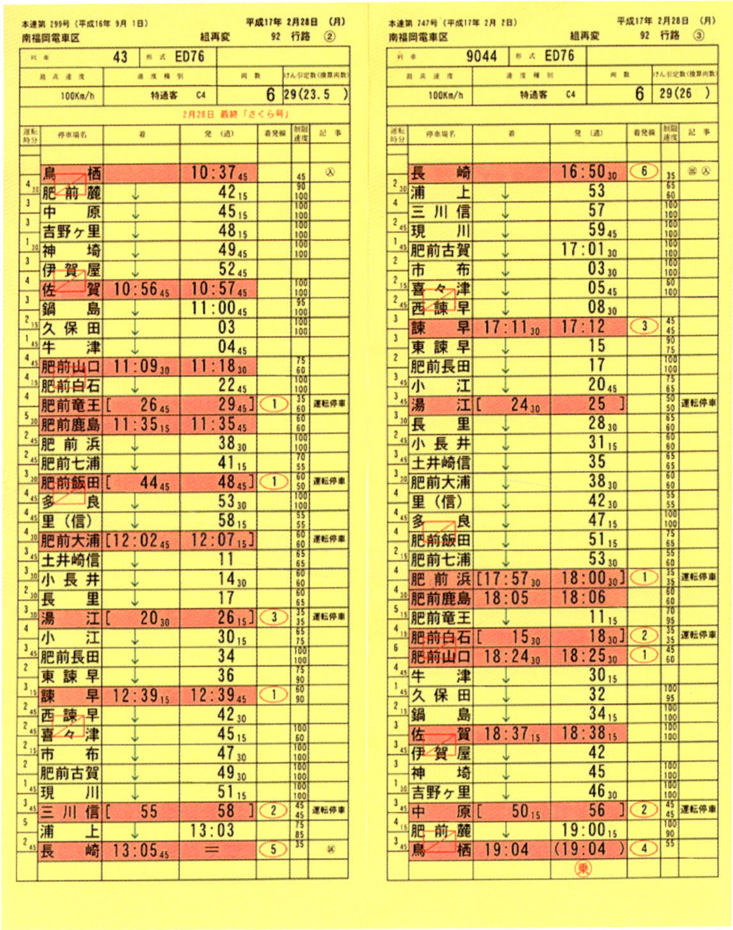

本達第 299号（平成16年 9月 1日）　　　　平成17年 2月28日 （月）
南福岡電車区　　　　組再変　　92　行路 ②

列車	形式		
43	ED76		
最高速度	速度種別	両数	けん引定数（換算両数）
100Km/h	特通客 C4	6	29(23.5)

2月28日 最終「さくら号」

運転時分	停車場名	着	発（通）	着発線	制限速度	記事
	鳥栖		10:37$_{45}$		45	(入)
4$_{30}$	肥前麓	↓	42$_{15}$		90 100	
3	中原	↓	45$_{15}$		100 100	
3	吉野ヶ里	↓	48$_{15}$		100 100	
1$_{30}$	神埼	↓	49$_{45}$		100 100	
3	伊賀屋	↓	52$_{45}$			
4	佐賀	10:56$_{45}$	10:57$_{45}$		100 100	
3	鍋島	↓	11:00$_{45}$		95 100	
2$_{15}$	久保田	↓	03		100 100	
1$_{45}$	牛津	↓	04$_{45}$			
4$_{45}$	肥前山口	11:09$_{30}$	11:18$_{30}$		75 60	
4$_{15}$	肥前白石	↓	22$_{45}$		100 100	
4	肥前竜王	[26$_{45}$	29$_{45}$]	①	35 60	運転停車
5$_{30}$	肥前鹿島	11:35$_{15}$	11:35$_{45}$		60 60	
2$_{45}$	肥前浜	↓	38$_{30}$		100 100	
2$_{45}$	肥前七浦	↓	41$_{15}$		70 55	
3$_{30}$	肥前飯田	[44$_{45}$	48$_{45}$]	①	60 50	運転停車
4$_{45}$	多良	↓	53$_{30}$		100 100	
4$_{45}$	里（信）	↓	58$_{15}$		55 55	
4$_{30}$	肥前大浦	[12:02$_{45}$	12:07$_{15}$]		60 60	運転停車
3$_{45}$	土井崎信	↓	11		65 65	
3$_{30}$	小長井	↓	14$_{30}$		60 60	
2$_{30}$	長里	↓	17		60 65	
3$_{30}$	湯江	[20$_{30}$	26$_{15}$]	③	35 35	運転停車
4	小江	↓	30$_{15}$		65 75	
3$_{45}$	肥前長田	↓	34		100 100	
2	東諫早	↓	36		75 90	
3$_{15}$	諫早	12:39$_{15}$	12:39$_{45}$	①	60 90	
2$_{45}$	西諫早	↓	42$_{30}$			
2$_{45}$	喜々津	↓	45$_{15}$		100 60	
2$_{15}$	市布	↓	47$_{30}$		100 100	
2	肥前古賀	↓	49$_{30}$		100 100	
1$_{45}$	現川	↓	51$_{15}$		100 100	
3$_{45}$	三川信	[55	58]	②	45 45	運転停車
5	浦上	↓	13:03		75 85	
2$_{45}$	長崎	13:05$_{45}$	＝	⑤	35	[illegible]

本達第 747号（平成17年 2月 2日）　　　　平成17年 2月28日 （月）
南福岡電車区　　　　組再変　　92　行路 ③

列車	形式		
9044	ED76		
最高速度	速度種別	両数	けん引定数（換算両数）
100Km/h	特通客 C4	6	29(26)

運転時分	停車場名	着	発（通）	着発線	制限速度	記事
	長崎		16:50$_{30}$	⑥	35	[illegible] (入)
2$_{30}$	浦上	↓	53		65 60	
4	三川信	↓	57		100 100	
2$_{45}$	現川	↓	59$_{45}$		100 100	
1$_{45}$	肥前古賀	↓	17:01$_{30}$		100 100	
2	市布	↓	03$_{30}$		100 100	
2$_{15}$	喜々津	↓	05$_{45}$		60 100	
2$_{45}$	西諫早	↓	08$_{30}$			
3	諫早	17:11$_{30}$	17:12	③	45 45	
3	東諫早	↓	15		90 75	
2	肥前長田	↓	17		100 100	
3$_{45}$	小江	↓	20$_{45}$		75 65	
3$_{45}$	湯江	[24$_{30}$	25]		50 50	運転停車
3$_{30}$	長里	↓	28$_{30}$		65 60	
2$_{45}$	小長井	↓	31$_{15}$		60 60	
3$_{45}$	土井崎信	↓	35		65 65	
3$_{30}$	肥前大浦	↓	38$_{30}$		60 60	
4	里（信）	↓	42$_{30}$		55 55	
4$_{45}$	多良	↓	47$_{15}$		100 100	
4	肥前飯田	↓	51$_{15}$		75 65	
2$_{15}$	肥前七浦	↓	53$_{30}$		55 60	
4	肥前浜	[17:57$_{30}$	18:00$_{30}$]	①	35 35	運転停車
4$_{30}$	肥前鹿島	18:05	18:06		60 60	
5$_{15}$	肥前竜王	↓	11$_{15}$		70 95	
4$_{15}$	肥前白石	[15$_{30}$	18$_{30}$]	②	35 35	運転停車
6	肥前山口	18:24$_{30}$	18:25$_{30}$	①	45 60	
4$_{45}$	牛津	↓	30$_{15}$			
1$_{45}$	久保田	↓	32		100 95	
2$_{15}$	鍋島	↓	34$_{15}$		100 100	
3	佐賀	18:37$_{15}$	18:38$_{15}$		100 100	
3$_{45}$	伊賀屋	↓	42			
3	神埼	↓	45		100 100	
1$_{30}$	吉野ヶ里	↓	46$_{30}$		100 100	
3$_{45}$	中原	[50$_{15}$	56]	②	45 45	運転停車
4$_{15}$	肥前麓	↓	19:00$_{15}$		100 90	
3$_{45}$	鳥栖	19:04	(19:04)	④	55	
			(乗)			

上── 最終下り「さくら」の列車運転時刻表。最終「さくら号」の文字が見える
左── 最終下り「さくら」の運転席から。ノッチレバーを握る機関士の手にも力がこもる。長年見慣れた車窓もこれが最後だ（平成17年 2 月28日）
下左から── 最終上り「さくら」の発車合図をする長崎駅長。この日のためだけに作られた真新しいヘッドマークを掲出している
肥前大浦駅で白い「かもめ」と行き違いをするため運転停車する最終下り「さくら」に向かって，大浦小学校の子供たちがさよならメッセージを振ってのお別れ（平成17年 2 月28日）
鳥栖駅の発車案内（平成17年 3 月 1 日）
門司駅でのお別れセレモニー（平成17年 3 月 1 日）

緊急
15-2 30-2
21-2
24-2
25-2

ED 76 94
さくら
SAKURA

信号灯を反射させ、山陽路の闇を抜けて東へとつき進む（山陽本線・広島　昭和60年5月）

さくら
SAKURA

最後の旅路 はやぶさ

さわやかな緑の樹林を背に疾駆する「はやぶさ」（鹿児島本線・天拝山－原田，平成20年５月）

「はやぶさ」は、昭和33（1958）年10月のダイヤ改正でデビュー。第3の九州ブルートレインとして東京－鹿児島間に一般客車編成で誕生。山陽本線の電化は姫路までで、以西の牽引は下関までC62形蒸気機関車の時代だった。

昭和35年7月には濃いブルー塗装の20系固定編成に変更されると同時に、運転区間が西鹿児島までとなった。また同年7月1日に明治以来の3等級制を2等級制に変更。旧1等は廃止、旧2等を1等、旧3等を2等とした。

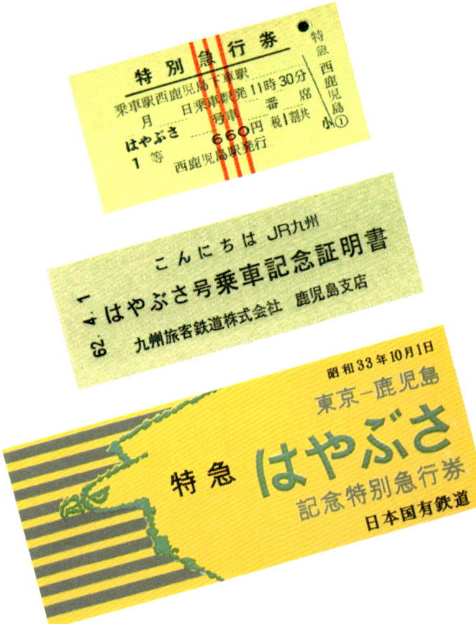

〝ヨンサントオ〟と呼ばれた昭和43年10月のダイヤ改正では、長崎ゆき「はやぶさ」も誕生（昭和50年3月に「みずほ」と振替）。昭和44年5月には2等級制からモノクラス制となり、寝台は2等寝台がB寝台、1等寝台はA寝台となった。

昭和50年3月の山陽新幹線博多開業の時に24系客車になり、翌年9月にはB寝台3段式から上下2段式とした24系25形に。

昭和55年10月の減量化ダイヤ改正により、「富士」の運転区間が宮崎までに縮小され、「はやぶさ」は国鉄の最長距離列車の座に輝いている。また、昭和60年3月からは、くつろぎのスペースとして〝ロビーカー〟が連結された。

その後も、平成5（1993）年3月に食堂車の営業中止はあったものの、東京と西鹿児島を結んで走り続けた。

しかし、平成9年11月には西鹿児島直通を取り止め、運転区間が東京－熊本間に短縮となる。さらに平成11年12月からは「さ

昭和33年10月１日，東京ー鹿児島間で運行開始
昭和35年７月20日，20系客車に変更。東京ー西鹿児島に区間変更
昭和43年10月１日，東京ー長崎間の運行開始（昭和50年３月，「みずほ」と振替）
平成９年11月29日，東京ー熊本に区間変更
平成11年12月４日，「さくら」との併結運転開始
平成17年３月１日，「さくら」の廃止に伴い「富士」との併結運転開始

くら」と東京－鳥栖間で併結運転となり、2つの列車名を併記したヘッドマークを掲げて走り出す。九州内では、併結運転の門司－鳥栖間に加え、単独運転となる「はやぶさ」の鳥栖－熊本間、「さくら」の鳥栖－長崎間も同じ「さくら・はやぶさ」のダブルヘッドマークをつけて走る省力運転でもあった。

そして平成17年3月、「さくら」の廃止に伴い、併結相手を「富士」に変えて東京－門司間を併結運転。使用車種は24系25形から14系へと変更され、ロビーカーも廃止となる。

本州内は併結運転のため「富士」とのダブルヘッドマークが用意されたが、九州内は門司から単独運転となったため、「はやぶさ」の単独ヘッドマークが復活した。

平成11年12月までは客車15両を連ねた長大編成を誇った「はやぶさ」も、平成21年の最終期の姿は、本州内でこそ「富士」と手をつなぎ12両編成と面目を保っているものの、九州では客車6両編成になってしまった。6両の内訳は、14系のA寝台個室〝シングルデラックス〟1両、B寝台個室〝ソロ〟が1両、2段式開放型B寝台4両。

九州で最後の旅客用交流電気機関車となったED76に先導され、門司、小倉、博多、鳥栖、久留米、大牟田、玉名、熊本と、九州北部3県を走る。

九州ブルートレイン「はやぶさ」の最後の走りに栄光あれ！

上──蒸気機関車にバトンタッチしたED721号機は現在九州鉄道記念館に静態保存されている（博多駅，昭和39年４月）
右──昭和40年10月改正後は，博多駅で電気機関車同士のバトンタッチが見られた。基本編成を牽くED73と，付属編成とともにそれを見送るED75（昭和41年頃）
下──西鹿児島ゆき「はやぶさ」。博多以南へ下っていく「さくら」，「みずほ」同様，昭和40年10月の熊本電化完成まで蒸気機関車による牽引が続いた。博多まで牽引した電気機関車に見送られながら颯爽と下っていく姿は，SLの最後の花道だった（昭和40年４月）
左──日奈久の温泉地を通過するDD51 52号機牽引の下り「はやぶさ」。大都会・東京と西鹿児島が１本のブルートレインで結ばれている（鹿児島本線・日奈久ー肥後二見，昭和41年８月）

DD 51 52

上――EF65形500番台に牽引され，下り特急「はやぶさ」が本州最西端駅に到着（山陽本線・下関，昭和50年３月）

右――ＥＦ65Ｐ形に牽引され下関駅に着いた「はやぶさ」に乗り込む日本食堂の乗務員。関門トンネルの中で，ここまで勤務した乗務員と引き継ぎを行ったあと，門司駅で新たな食材などを積み込み，業務を交代。東京からの乗務員は門司駅で乗務が終了する（昭和40年12月）

上──長崎駅の洗浄線でお色直しをする20系「さくら」基本編成と「はやぶさ」付属編成。「はやぶさ」長崎編成は，昭和43年10月から「みずほ」編成に置き換えられる昭和50年３月までの約７年間の運行だった（昭和45年９月）

下──駅員に見送られて伊集院駅を通過。22時間近く走り続けてきた下り「はやぶさ」の旅も，あとわずかとなった。終着・西鹿児島まで，あと17.3キロで，20分ほど。この間，八代駅と神戸ー大阪間で２回，上り「はやぶさ」と行き違った。東京と鹿児島の距離を感じる（昭和44年８月）

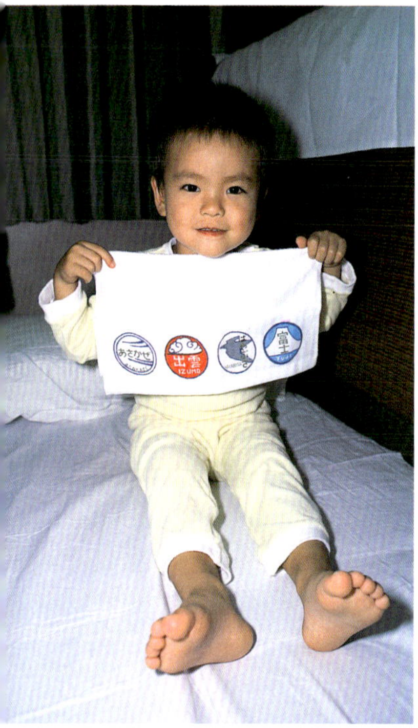
あさかぜ
出雲
IZUMO
富士

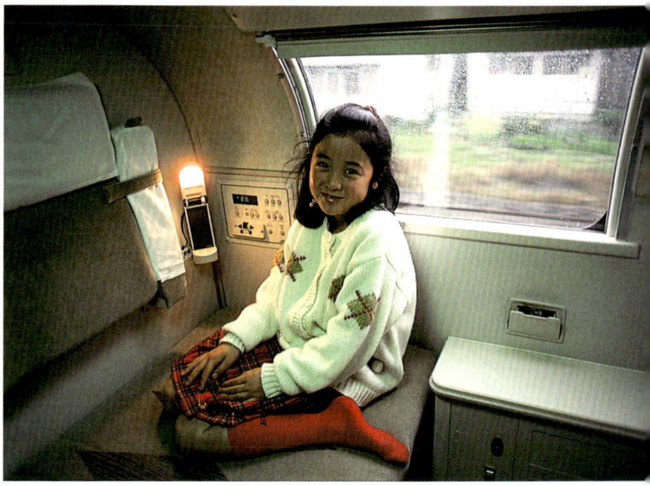

ブルートレインは子供たちにとっても憧れの存在だった。夏休みや冬休みには家族とともにおじいちゃんやおばあちゃんの所に遊びにゆく。この期間は車内に楽しそうな笑い声が響く

右＝左上から時計回りに

Ａ個室寝台に備え付けられていたヘッドマーク入りタオル

24系25形Ｂ寝台上段で一休み

上段への階段をたたみ，お弁当タイム。下車駅まで使い方は自由自在

ソロ個室も，開放式Ｂ寝台も寝台料金は同額

下＝「はやぶさ」ソロ快走。星のマークに“SOLO”のロゴが特別車を誇示する。オハネ15形2000番台は１人用Ｂ寝台個室が上下に合計18室ある（鹿児島本線・天拝山−原田，平成20年７月）

西日を反射させ，一瞬にしてロビーカーが駆け抜ける。青い車体に6本の白帯が流星となる（鹿児島本線・天拝山ー原田，平成13年5月）。
ロビーカーのソファーは紫色の落ち着いた雰囲気。夏休みには子供たちに占拠される。ロビーカーは平成17年まで連結された

相模湾の朝日に食堂車の人々がシルエットとなり浮かび上がる（東海道本線・根府川ー真鶴，昭和58年５月）。食堂車の営業は平成３年までだった。
小さなお客さん２人もお食事中。朝も洋定食，和定食，サンドイッチなどのメニューがあった

昭和60年３月からEF66形の牽引となった「はやぶさ」が，富士山を望むベストポイントを通過。あと１時間と少しで終着・東京駅に到着する（東海道本線・三島－函南）

EF66 54
はやぶさ

「富士」と「はやぶさ」の分割シーン。門司駅に到着した１レ「富士・はやぶさ」は，1レ「富士」と41レ「はやぶさ」とに分割される。「はやぶさ」は富士編成を門司駅に残して，先に熊本に向かう。遅れて「富士」が大分をめざす（門司，平成17年５月）

「富士」と「はやぶさ」の併結シーン（門司，平成17年５月）

上り「はやぶさ」では門司駅に着く少し前に車内アナウンスが流れる。「この列車には車内販売がありません。ホームを上がっていったん改札を出られますと，コンビニがございます。お弁当などのお買い物はそちらですませていただきますようお願い申し上げます」。18時46分「はやぶさ」が門司に到着。熊本から牽引してきたED76形を切り離し，関門間牽引のEF81形が連結，客車６両を牽き関門トンネル横の引き上げ線に待機する。18時58分，５番線に大分からの「富士」が到着。ここまで牽引してきたED76形電気機関車は解放され，今度は先ほど引き上げた「はやぶさ」をEF81形が５番線に押し込んでくる。５番線中ほどで「富士」，「はやぶさ」が連結され，19時15分，２列車「富士・はやぶさ」は発車する

関門トンネル専用に作られたステンレス仕様のEF30に牽引され関門トンネルから抜けてきた下り「はやぶさ」。本州側の直流と九州側の交流とを切り替えるデッドセクション（死電区間）を通過中（昭和61年10月）

ED 76 77

熊本で付属編成をつないで15両のフル編成となった24系25形客車の上り「はやぶさ」が田原坂を快走する（鹿児島本線・植木—田原坂，平成２年10月）

東シナ海の海すれすれに終着・鹿児島をめざしラストスパート（鹿児島本線・薩摩大川ー西方, 昭和59年12月）

九州「はやぶさ」（鹿児島本線・木葉ー田原坂，平成12年２月）

本州「さくら・はやぶさ」（山陽本線・富海ー防府，平成14年３月）

多々良川を渡れば博多は近い。その後，鳥栖で「はやぶさ」と「さくら」は分割される（鹿児島本線・香椎ー箱崎，平成14年３月）

「さくら・はやぶさ」のWヘッドマークは平成11年から17年まで活躍した。あちこちにある傷が５年余の時間を感じさせる

上＝桜の春（鹿児島本線・水城—都府楼南，平成20年４月），下＝彼岸花の秋（同・天拝山—原田，平成20年９月）

上＝雷雨の夏（平成20年７月），下＝雪の冬（平成８年１月，ともに鹿児島本線・天拝山ー原田）

はやぶさ号を牽いた機関車と編成車両の移り変わり

昭和33（１９５８）年６月19日、鹿児島と東京を結ぶ列車の試運転が全線で行われた。そしてその年の10月１日ダイヤ改正で、鹿児島－東京間に第３の特急が誕生した。「はやぶさ」号だ。これにより急行「さつま」号は鹿児島－門司間を廃止。「はやぶさ」号は急行の格上げを含めたかたちでの登場となった。九州にはすでに、「あさかぜ」号博多ゆき、「さちかぜ」号長崎ゆきが運転されていたが、「あさかぜ」号のデラックス化（20系固定編成）で余剰となった旧編成を「はやぶさ」号用として使用した。

運転に先立ち列車名が一般公募され、スピード感と力強さを感じさせる名前「はやぶさ」に決定。誕生当時の到達時間は22時間50分だった。

昭和34年７月１日、「さちかぜ」号改め「平和」号がデラックス化され、「さくら」号と改称された。翌35年７月20日からは、「はやぶさ」号も20系新型客車による運転が開始。この時点で運転区間を鹿児島から西鹿児島に変更している。

九州内は鹿児島機関区のＣ61形蒸気機関車が担当し、鹿児島－門司間のロングラン運転が行われたが、その後、博多－門司を門司港機関区のＣ59形蒸気機関車に変更。関門トンネル内をＥＦ10形、下関－姫路間Ｃ62形蒸気機関車、姫路－東京間をＥＦ58形が担当した。

「はやぶさ」20系の列車編成は、車内冷暖房・照明・食堂車給電用の電源車にカニ21形、ナロ20形座席車、ナロネ22形寝台車、ナハフ21形座席車、ナハネ20形寝台車、ナシ20形食堂車で、東京－博多を14両で運転。博多－西鹿児島間は８両編成だった。

昭和35年10月に岡山までの電化が完成。東京－岡山間は電気機関車のロングラン運転となり、到達時間は22時間30分となる。

翌36年６月１日には九州初の電化が完成し、久留米－門司港間は電車による運転となる。翌年にはＥＤ72形電気機関車が南福岡電車基地に配属され、その後、量産車も入って、門司港－鳥栖間で活躍を始めた。

昭和37年10月１日から門司－博多間をいったんＣ59形蒸気機関車運転に変更したが、翌年６月１日、新型電気機関車ＥＤ73形の登場によって、門司－博多間の蒸気機関車によるブルートレインの運転は終了した。また、直流区間・東京－広島間をＥＦ58形からＥＦ60形５００番台に変更。この時、ナハフ20形座席車の寝台化が行われ、ナハネフ22形が運転を開始した。

昭和40年10月１日ダイヤ改正では

■はやぶさ号使用機関車

蒸気機関車		C62形　C61形　C59形
電気機関車	（本州直流区間）	EF58形　EF60形500番台　EF65形500番台（P形）　EF65形1000番台（PF形）　EF66形
	（関門交直区間）	EF10形　EF30形　EF81形300番台　EF81形400番台
	（九州交流区間）	ED72形　ED73形　ED75形300番台　ED76形　D76形1000番台
ディーゼル機関車		DD51形500番台　600番台
使用客車		20系　24系　24系25形　14系　14系15形

熊本までの電化が完成。博多－熊本間が電気機関車になり、非電化区間の熊本－西鹿児島間が鳥栖機関区のＤＤ51形ディーゼル機関車に変更され、蒸気機関車Ｃ61形の任務は終わった。

昭和43年6月1日からナロ20形寝台化が行われナハネ20形に改造、編成も変更となった。10月1日にはダイヤ改正が行われ、東京－長崎・佐世保間急行「雲仙・西海」号が廃止。これに伴い、「はやぶさ」号の博多回転車を長崎へ延長、鳥栖駅で分割運転が始まった。長崎編成には鳥栖駅で簡易電源車マヤ20形が連結され、車内電気をまかなった。

昭和45年10月1日、ついに電化は鹿児島に到達。熊本－西鹿児島間は鹿児島機関区のＥＤ76形が担当となり、すべて電気機関車で運転されることになった。到達時間は東京－西鹿児島間21時間36分、表定速度70・2キロ。10年前の「はやぶさ」号登場時から1時間14分の短縮となり、編成にもナロネ22形Ａ寝台個室が組み込まれ、さらにグレードアップした。

昭和47年3月、新幹線が岡山に到達。ブルートレインにも2世代目14系寝台車が誕生した。この列車は分散電源方式で、電源車を必要とせず、分割運転には便利な列車となった。まず、「さくら」号、「みずほ」号、「あさかぜ」2号で運転を開始。機関車も、東京－下関間にＥＦ65形500番台Ｐ形とともにＥＦ65形1000番台ＰＦ形も登場した。この年の10月には長崎本線に新線（浦上線）が完成。特急列車はすべて新線経由で運転され、10分の時間短縮となった。

昭和48年10月には24系新型客車が登場。車内の変更はなかったが、14系の分散電源方式を20系と同じ集中電源方式とした。この車両は関西発の「あかつき」号から運転された。さらに昭和49年3月には24系の3段寝台を2段とし、24系25形が誕生した。

昭和50年3月10日、新幹線は博多まで到達、ダイヤの大幅な改正が行われた。

本州と九州を直通するほとんどの昼間特急は廃止され、新幹線へ移行。「はやぶさ」号は、新型車両24系客車に置き換えられた。この客車は、寝台は3段だが幅が広くとられため好評であった。また、オロネ24形も組み込まれ、こちらはオロネ14形と同じ開放式2段寝台を連結した。同時に長崎編成を「みずほ」号に譲り、全編成鹿児島本線経由、付属編成を熊本回転車に改め、基本編成を西鹿児島ゆきとした。昭和51年9月27日からは24系24形寝台から24系25形2段寝台化になり、さらにサービス向上を図った。

昭和53年1月22日からは、「あさかぜ」号の24系25形化に伴い、食堂車の連結位置を5号車から8号車に変更。基本編成から移動させ付属編成熊本回転車に組み込むことで、「あさかぜ」号用食堂車に回すこととなった。

昭和55年10月1日ダイヤ改正では、東京－西鹿児島間（日豊本線経由）で運転されていた「富士」号が宮崎止めとなり、最長距離運転は「はやぶさ」号となった。昭和57年度からは24系・14系寝台の2段化改造が進められ、58年11月には完成している。九州関係では「さくら」号、「みずほ」号の2段化で一時電源車をスハフ14系座席車で運転し、座席車は締め切りとなった。

昭和59年2月1日、このダイヤ改正では関門地区をはじめ九州ブルートレインにヘッドマークが復活。「はやぶさ」号にも真新しいマークが取り付けられた。鳥が黒いもの、緑色のものがあり、本州側では灰色のものも使用した。「富士」号では丸型から富士山型に変更。またこの

改正では、「さくら」号、「みずほ」号にカルテット4人用個室が連結された。

昭和60年3月14日ダイヤ改正では、機関車をこれまでのEF65形1000番台PFからEF66形に変更し、到達時間を短縮すると同時にロビーカーを連結。オシ14形、オハネ14形から改造したオハ24形700番台を組み込み、15両編成となった。東京ー下関の直流区間を下関運転所のEF66形、関門間を門司機関区のEF30形、EF81形、九州内の門司ー熊本間を大分機関区のED76形（日曜、祭日、門司機関区ED75形300番台、76形）、熊本ー西鹿児島間を鹿児島機関区のED76形が担当した。

昭和61年11月1日、国鉄最後となるダイヤ改正で、「はやぶさ」号、「富士」号用の24系25形寝台客車の基本編成が品川運転所より熊本客貨車区へ転属、付属編成が鹿児島運転所に転属となり、「富士」号、「はやぶさ」号は共通運用となって「富士」号にもロビーカーが入る。

平成元（1989）年3月11日ダイヤ改正からオハネ25形寝台車をJR九州小倉工場で改造し、オハネ25形1000番台B個室寝台ソロとして熊本運転所に配属、「はやぶさ」号、「富士」号に連結した。その後、関西特急にもツイン、シングルデラックスなどの改造車、グレードアップ車が登場していった。

長年親しまれた食堂車の営業が終了することとなったのが、平成5年3月16日ダイヤ改正。食堂車は車内販売準備室、テーブル側はフリースペースとなった。

平成7年4月20日ダイヤ改正では「彗星」号が南宮崎止めとなる。平成9年11月29日ダイヤ改正からは九州ブルートレインにも区間短縮があり、「はやぶさ」号が西鹿児島から熊本へ、「富士」号が南宮崎から大分に変更となった。ここで鹿児島車両所の25形寝台客車は熊本運転所に転属、運用も5本から4本へと縮小された。また、この時点でオシ24形食堂車は編成からはずされた。この改正で余剰となったオハネ25形、オハネ15形が長崎運転所に転属、25形と15形併結用に電源改造され、改造後はオハネ15形1000番台となっている。

平成11年12月4日ダイヤ改正からは、熊本・長崎ゆき「はやぶさ」号と「さくら」号の併結運転が始まった。この時点で佐世保ゆき「さくら」号は廃止。「はやぶさ」号は24系25形、「さくら」号長崎ゆきは14系15形で運転されることとなり、「さくら」側はA寝台を廃止、オハネ15形1000番台B個室ソロが編成に入った。この14系15形、24系25形の編成は「富士」号と共通運用となった。

平成17年3月1日ダイヤ改正では長崎ゆき「さくら」号や最後まで残った下関「あさかぜ」も廃止。この結果残ったのは、「富士」号、「はやぶさ」号の2列車のみ。編成は、14系15形熊本運転所の車両を使用し、スハネフ14、オハネ15、オハネ15形1100番台（オハネ24系25形100番台を改造）、オロネ15形3000番台（オロネ25形改造）、オハネ15形2000番台（オハネ25形100番台からの改造）、スハネフ15形など。両数は「富士」号、「はやぶさ」号とも6両編成。門司で併結12両編成となり東京へ向かう。

現在のブルートレイン「富士」号、「はやぶさ」号の車両は、「さくら」号、「みずほ」号でも使用されていた。昭和46年製オハネ14-3は誕生から30年以上が経っている。またスハネフ15-1も健在。14系寝台車は新製当時は早岐客車区に所属して、九州ー関西をはじめ、「日本海」号として遠く青森までの運用もあった。九州の14系15形も、「はやぶさ」号、「富士」号が最後の活躍となる。

はやぶさ号を牽いたC61形蒸気機関車

「はやぶさ」号を牽いたC61形は、昭和24（1949）年D51形をベースにC57形の足回りを組み合わせて改造され誕生した。軸配置2C2ハドソンタイプは日本初。製作は三菱重工と日立製作所が行っている。車両全長20・375メートル、自重127トン、1777馬力があり、時速100キロで走行可能。テンダー形式は10-25S。この機関車は自動給炭装置がついていて、炭水車から機械を使い石炭をくべることができる。

九州に配属されたのは改造まもない昭和24年4月19日、鳥栖機関区に6両が新制配置された。それまで急行列車はC57形で運転されていたが、試運転が終わると順次C61形に変更、鳥栖機関区での活躍が始まった。

運転開始からC61形蒸気機関車にはいろんなトラブルが起こった。昭和24年12月19日、鹿児島発急行2列車が西鹿児島を2分延発。388・2キロ付近で空転し、自然停車した。原因は砂撒き管内の異物混入と雨のためであった。機関車はC61-12号機(鳥栖)。

翌20日、竹下－雑餉隈間85・73キロ。C61-14(鳥栖)が客101列車を牽き運転中に、タクシーが踏み切りに進入、非常制動し汽笛を鳴らしたが間に合わず、激突。現場に123分停車。その間、上り線単線運転となった。

同年11月29日、鹿児島発C61-32(鳥栖)が急客2列車を牽き発車した。まもなく火室内にクリンカーがたまり出水。乗り継ぎの際にも取り出すことができず、なんとか熊本まで運転し、ここでクリンカーを取り出した。列車は熊本駅を21分遅れで発車した。

昭和24年11月17日にはC61-33号機(鳥栖)が急客1列車を牽いて二日市16分遅れで通過、その後まもなく異臭に気づき原田駅に臨時停車。調査の結果、第一先輪軸箱が発熱。鳥栖駅で機関車交換を行っている。

昭和25年1月9日、C61-32(鳥栖)急客2列車、肥後伊倉通過中に急停車点検。機関車灰箱の蓋がはずれたため手直しし、木葉駅を9分遅れで通過した。

その3日後の12日、竹下駅構内入れ替え中にC61-13号機(鳥栖)が給水1番先から引き上げ車止を突破して全輪脱線、踏み切り小屋が大破した。事故記録には、「本年4月新制入線したばかりのC61形の故障が多発している、機関車操作の不慣れによるものが多い」とある。

C61形蒸気機関車は、昭和25年10月の時刻改正で、運用効率化と機関

車のロングランに合わせて全機鹿児島機関区に転属となり、6月25日からC61-31号機、32号機、33号機と転属。その後、9月25日にはC61-12号機、28日C61-13号機、そして30日14号機が最後に転属した。

鹿児島機関区転属後の昭和28年5月11日、C61-14(鹿児島)が博多駅で36列車スニ3090(品)を持って入れ替え中、本線マイネ40(品)に連結を行う際に連結器の高さが合わなかったため、小荷物44個を取り降ろし連結。博多駅を23分遅れで発車した。同様の事故は6月20日にも起こり、今度はC61-33(鹿児島)がマニ3039(品)を持って連結を行おうとしたが、マイネ406(品)との連結位置が合わず荷物を点検。片積みによるものとわかった。連結後、博多駅を16分遅れで発車した。

鹿児島に転属したC61形の最大の事件は、昭和32年10月9日早朝の脱線事故である。下り急行「さつま」号は定時で運転。西鹿児島駅まで数分走り、広木信号所を過ぎ、饅頭石坂トンネルを出た付近でコンクリートの塊(電柱のネカセ)に乗り上げた。この事故で機関車、郵便車、荷物車が脱線転覆した。8両編成の「さつま」号の客車6両は脱線をまぬがれた。このことは『鹿児島鉄道管理局30周年史』にも思い出の出来事として記載されている。

昭和33年10月1日時刻改正で鹿児島初の特急列車が誕生した。誕生当事は「あさかぜ」号の旧型車両を使用。上り初日はC61-33号機、下りはC61-32号機で、下りはヘッドマークがなしで運転された。機関車は鹿児島機関区の所属で、鹿児島－門司・門司港間をロングラン運転した。

昭和35年7月20日、「あさかぜ」号、「さくら」号に次ぐ3番目の新型固定編成20系車両「はやぶさ」号が誕生すると、この新型車両もC61形が担当した。35年10月1日時刻改正からは長崎本線にも進出。カニ22形の登場で長崎本線内C57形に代わって20系客車「さくら」号をC61形が担当。この牽引は1年間続き、博多でC59形(港)から受け1列車「さくら」号を長崎まで牽引した。

昭和36年6月1日、北九州電化が完成すると、門司港－久留米間に電車(421系)の運転が始まった。その年の10月1日時刻改正で「さくら」号はC59形改造機、C60形(鳥栖)が担当するようになった。この改正でC59形は熊本まで運転。熊本機関区にもC59形が配置され、この改正で誕生した不定期特急「みずほ」号もC59形が牽引した。

電化開通後、試運転を行っていたED72-1・2電気機関車は、蒸気機関車と電蒸運転を行っていたが、昭和37年から量産車も入り、門司－鳥栖間で蒸気機関車に替わり電気機関車(ED72形)は単独運転に入っていった。

記録によると、昭和37年2月15日よりC61形は再び博多－門司間で「さくら」号を牽くことなっている。行路は6レ「はやぶさ」号で博多まで入り、単機4179レとなって竹下まで回送され、ここで「さくら」号4002レとなって博多へ回送、ここから本務2レ「さくら」号を牽き門司まで運転する。門司駅でEF30形に引き継ぎ、単機で門司港機関区に入区。ここで石炭や水、砂などの整備を受け、翌朝、単機463レで門司操車場に入り、門司駅から下り1レ「さくら」号を牽き博多までを運転。博多で回4001レとして竹下へ入区。今度は逆単4180レで博多へ入り、下り「はやぶさ」号を牽き西鹿児島へ向かう。こうして400キロあまり走ったC61形機関車は、鹿児島機関区に帰り着く。

この年の10月から、それまで電気

機関車で運転した寝台特急をC59形蒸気機関車に戻している。門司－博多間最後の蒸気特急として、昭和38年に新製電気機関車ED73形が登場するまで続くが、6月1日よりED72形・73形電気機関車に変更された。

蒸気特急は、「さくら」C60形(鳥栖)、「はやぶさ」C61形(鹿児島)、「みずほ」C59形(熊本)が博多以南を担当した。架線の下を20系客車を牽いて活躍した蒸気機関車は、昭和40年10月1日、熊本電化で廃止された。

残る長崎、鹿児島本線非電化区間は、鳥栖機関区のディーゼル機関車DD51形が担当した。こうしてC61形、C60形は博多に姿を見せることはなくなり、同僚のC59形は廃車となった。

昭和40年のダイヤ改正で誕生した寝台特急「あかつき」号の予備機として、C61形、C60形が予定され、長崎本線ではC60形が使用された。しかし、鹿児島本線でC61形が牽くことはなかった。この年から昭和45年の鹿児島電化までの5年間は、普通列車や臨時急行列車に使用された。昭和45年9月30日には蒸気機関車のお別れ式があり、「はやぶさ」号上り初日に使用されたC61形のラストナンバー33号機が鹿児島－出水間で140レ鳥栖ゆき普通列車を牽き別れを告げた。

これで九州のC61形は終わりと思われたが、翌年、奥羽本線電化により青森機関区から九州へ送られたのは、C61-2号機である。昭和46年5月に入り、以後、日豊本線で運転を始めた。宮崎機関区にはこの年にC61-18号機9月8日、C61-1号機9月12日、C61-20号機9月15日、C61-24号機9月28日、C61-28号機10月6日、と転属してきた。この転属車も東北本線で特急「はつかり」号や「はくつる」号を牽いた機関車だった。

日豊本線では旅客列車や貨物列車に使用され、急行や特急など優等列車に使われることはなかった。転属からしばらくは東北名残の2つ目で運転されたが、後にはずされた。

こんなC61形にとって最後の晴れ舞台が来た。昭和47年、鉄道100周年記念で大形機関車の3重連運転が鹿児島－都城間で運転され、先頭車にはC61-2号機が使用された。

この機関車は、現在、京都の梅小路蒸気機関車館で大切に保存されている。九州のC61形は終始6両で、配置区は鳥栖機関区、鹿児島機関区、宮崎機関区に所属した。

■ブルートレインを牽引した九州育ちのC61形蒸気機関車6両の記録

■ C61形　配置区記録

機関車	製造年月	新制配置機関区	転属年月日	配置機関区
C61 12	昭24. 2.28(三菱)	鳥栖	昭25.9.25	鹿児島
C61 13	昭24. 3.19(三菱)	鳥栖	昭25.9.28	鹿児島
C61 14	昭24. 3.31(三菱)	鳥栖	昭25.9.30	鹿児島
C61 31	昭23.12.22(日立)	鳥栖	昭25.6.15	鹿児島
C61 32	昭24. 1.31(日立)	鳥栖	昭25.6.12	鹿児島
C61 33	昭24. 3. 2(日立)	鳥栖	昭25.6.20	鹿児島

■ C61形　改造記録

改造後	改造前	製造会社	製造年月日	最終所属機関区
C61 12	D51 1143	川崎車両	昭19. 8.12	富山
C61 13	D51 1115	日本車両	昭19. 8.18	弘前
C61 14	D51 1124	日本車両	昭19. 9. 5	金沢
C61 31	D51 945	川崎車両	昭19. 3.21	新鶴見
C61 32	D51 1050	三菱重工	昭19.12.29	秋田
C61 33	D51 1148	川崎車両	昭19. 8.19	新津

はやぶさ号のお正月

幕の内（B）　　　　**￥250**

主菜	鮮魚天ぷら 蒲鉾 玉子焼 豚肉龍田揚 若鶏黄金焼	25g 30g 40g 20g 50g
副菜	高野豆腐 酢蓮根 椎茸	25g 18g 1個
新香	季節物2品	30g
ご飯	型抜き7個	270g
吸物	椀つゆ 季節椀種 柚子	150㎖ 1片
容器	幕の内 吸物	半月重 吸物椀 兼用膳

献立内容の変化、盛付時の注意事項については前頁幕の内（A）を参照のこと。

新香は、サッパリした季節の新漬を取入れ、料理品の一部と考えて立派な価値のあるものを添えること。

ご飯は、型抜き7個を添え、各中心部に黒ごまを丁ねいに飾る。

吸物は、味の柔いものであるから、温める器具スプンについても、油気のつかないものを使用し、味つけについても若干ひかえ目につける等、細い心遣いが必要である。

日本食堂「昭和44年列車食堂量目表」より

昭和44年12月28日、はじめての「はやぶさ」号乗務の日。夢にまで見た20系食堂車に胸がどきどきする。

朝、門司営業所に出勤。材料の準備、検品、点呼が終わり、先輩について門司駅ホームから関門トンネルを通り、引き継ぎに行く。しばらくすると、下り「はやぶさ」号がＥＦ65に牽かれて入線してくる。やがて食堂車が目の前に止まり、乗り込んだ。

材料の引き継ぎを始めると、すぐに発車。東京から下ってきた乗務員と関門トンネルの中で材料の確認をしてゆく。機関車はセクションを通過し、門司駅ホームに到着。鹿児島往復分の材料が手早く積み込まれ、業務用ドア通路付近は材料の山だ。列車はすでにＥＦ30形からＥＤ72形に変わり、門司機関区の横を走っている。顔を上げた時、少しだけＤ51の姿が見えた。食堂車では最後の朝食のオーダーが通っている。折尾駅を通過する頃、やっと材料の整理が終わり、調理場に戻る。すると今度は朝食の皿や什器が山のように戻ってくる。急行列車とは忙しさが違う。半分ぐらい片づいたところで一息。車内放送は、もう博多駅到着の案内だ。

博多駅を発車したら、昼食の準備で大忙し。それでも原田のＣ55蒸気機関車を見ることができた。

長崎編成と分かれる鳥栖に到着。食器を洗いながら鳥栖機関区をちらりと見る。忙しい中でも機関車を見るとほっとする。

久留米駅を発車し、右側から西鉄大牟田線の６００形が近づいてきたら大牟田。たくさんの石炭車が並んでいる。

そして調理室が片づく頃には、もう田原坂。車内では熊本乗り換えの案内が始まった。機関車はＥＤ72形電気機関車からＤＤ51形ディーゼル機関車に交換された。ここから先はＣ60やＣ57、それに「はやぶさ」号の牽引機だったＣ61形など、たくさんの蒸気機関車と出合える。次は八代。この付近まで来ると車内は落ち着き、食堂車は午後のお茶を楽しむ人たちになる。

不知火海に出た列車は、海岸線ぎりぎりの単線を右に左に曲がりながら下ってゆく。水俣を出て出水駅に到着。調理室の前にはＤ51形、Ｃ60形などが休む出水機関区が広がる。これから出水平野を過ぎ東シナ海の海辺に出る。川内に着くと終着駅・西鹿児島ももう少し。やがて前方に桜島が見え、15時59分定時に終着駅に到着。列車は蒸気機関車に牽かれて鹿児島運転所に回送され、ここで上り「あかつき」号の乗務員に引き継ぐ。挨拶をして鹿児島営業所で点呼を受ける。

その後、西鹿児島駅に列車を見に出かけ、22時過ぎ寮に帰り眠りに着いた。

翌12月29日朝9時30分、営業所で食事の後、点呼を受け運転所洗浄線に行く。列車に乗り込み営業準備だ。

6列車「はやぶさ」号は西鹿児島を12時08分に発車。海岸線を通ってきた列車は、八代から平野部に入り速度を増す。鳥栖駅着17時1分。ここで長崎からの「はやぶさ」連結のため14分の停車。このあたりで食堂車は満席。終了時間は23時、糸崎付近となる。お客様が帰ると車掌さんや乗務員の夜食を作り、片づけが終わった頃に、列車は岡山駅を後にした。

それから少しの仮眠をとり、名古屋手前で営業準備。朝食を出しながら、浜名湖、富士山、熱海などを通り、東京に10時10分定時に到着。お客様が降り、車内は静かになった。電源が切られ、回送列車となって10分ほどで品川到着線に入る。

それから明日の材料を補給にゆく。列車の下にある地下道を通って品川営業所に行き、補給材料を請求。定期材料のほか、正月の飾りや雑煮用の餅などが積み込まれる。やがて点呼があり、明日の朝まで自由時間だ。

品川営業所は事務所のほか、仮泊所や食堂、売店、理髪所などがある大きな営業所で、各地からの乗務員が大勢いた。名古屋、大阪、門司、広島、米子営業所、それに品川営業所、いつも賑やかだ。

一夜明けると12月31日大晦日。昨日請求した材料を狭い地下道を通って運ぶ。洗浄線に着き、外で洗えるものを片づける。列車の洗浄、車内の清掃が終わると

(参考) ランチ (盛合せ)　　¥300

主材の例	魚フライ タルタルソース ハンバーグステキ デミグラス	50g 40ml 80g 45ml
添野菜	温野菜3品	130g
ライス	炊上がり	250g
コーヒー	コーヒー 砂糖 クリーム	150ml 1包 10ml
容器	盛合せ料理 ライス コーヒー クリーム	小判皿 デザート皿 共用カップ ミルクジヨッキ

ランチは、魚介料理1品、牛・豚・鶏肉等の加工品を盛合せて、添野菜をつけた料理に、ライス250gと、コーヒーを添えて1人前とする。

盛合せ料理の例として、魚フライ及びハンバーグステーキと示してあるが、魚料理の材料は小骨のあるものはなる可さけて、料理法もフライ、ムニエル、グラタン等いろいろ工夫して供卓すること。

また肉料理については、挽肉料理、煮込料理、串焼き、パイ料理等、変化と組合せに留意すること。

但し、例に示した程度の量は提供し、品質についても充分に注意してつねに売上の向上の為の努力をすること。

洋朝定食(A)　Breakfast　¥350

ジュース	トマトジュース	180ml
オートミール	生30g 粉砂糖 温ミルク	炊上がり 165g 9g 70ml
ハムエッグス	鶏卵56g型 ボンレスハム	2個 30g
トースト	角パン20枚切1枚 バター	55g 7g
コーヒー	コーヒー又は紅茶 砂糖 クリーム	150ml 1包 10ml
	コーヒー代用 ミルク	150ml
容器	ジュース オートミルー 粉砂糖 温ミルク ハムエッグス トースト コーヒー クリーム	8オンスグラス オートミール皿 シュガーポット ミルクジョッキ ミート皿 デザート皿 共用カップ ミルクジョッキ
	代用ミルク	共用カップ

特別急行列車の朝の洋定食は、トマトジュース・オートミール・ハムエッグス・トースト・コーヒーを組合せて1人前とする。

ジュースは、トマトジュース180mlを1人前とし、適温に冷したものを供卓すること。

オートミールは、炊上がり165gをオートミール皿に盛り、粉砂糖はシュガーポットに、ミルクは温めてミルクジョッキに入れて同時に供卓する。

ハムエッグスは、5P頁ハムエッグスの項を参照して焼いたものを、1人前として供卓する。

トーストは、角パン20枚切り1枚を両面共によく焼色をつけ、温いものを供卓する。バターは角切り7gを皿のふちに添える。

コーヒーは、23頁コーヒーの項を参照していれ、澄んで色もよく、熱い香りのよいものを供卓すること。

紅茶・ミルクについても、それぞれの項を参照し、熱い風味のあるものを供卓すること。

出発線に引き上げとなる。横には「あさかぜ」「さくら」「富士」号が見える。

17時30分過ぎ、「はやぶさ」号は品川を出発し、東京駅に向かう。列車はいったん神田側引き上げ線で待機し、やがてたくさんのお客様が待つ東京駅に入線してゆく。ホームはふるさとへ帰る人や見送りの人でいっぱいだ。昭和44年も残すところ6時間あまり。列車の中ではふるさと九州の言葉が聞ける。車内は満席で、食堂車の入り口や喫煙室も一杯。

18時00分、長い汽笛と共に東京駅を後にする。食堂車にはお客様がたくさん入られ、すぐに満席となる。有楽町、新橋を過ぎ、品川駅を通過すると速度を上げる。その頃になるとオーダーが入り、調理室は大変な忙しさとなる。発車した時は食事が中心だが、次第にお酒に変わってゆく。車内も落ち着き、ふるさとの話に花が咲いている。22時49分、名古屋到着。ホームでは新聞が降ろされ、お客様が乗り込む。見送りもたくさんいる。発車ベルが鳴り、54分の発車。ここで食堂車の営業時間も終わる。

列車はいつの間にか雪の中を走っている。食堂車では乗務員の夜食を作り終え、チーフさんたちはテーブルで材料の調整をし、会計係は売り上げの締めをしている。調理室の中では私たち配膳係が後片づけをする。窓際に置いた小さなラジオから紅白歌合戦がとぎれ途切れに入ってくる。先輩が、あと少しで今年も終わるよと教えてくれた。列車はさらに雪深い関ヶ原を走っている。調理室の窓を開け雪明かりの中を走る機関車を見た。やがて12時が過ぎ新しい年になった。車掌さんや食堂車を通る人たちに新年の挨拶をしたら、糸崎まで仮眠ができる。

昭和45年元旦。糸崎機関区を見ながら朝の準備に入る。調理室では雑煮の準備をしながらオープンで餅を焼く。テーブルではお屠蘇の準備をして新年のお客様を迎える。やがて西条駅を通過、下りの八本松を過ぎた頃、車掌さんの放送が入る。

「皆さま新年明けましておめでとうございます。ただいまの時刻は5時40分です。今日は昭和45年元旦でございます。列車は所定時刻で運転しております。まもなく広島に到着します。到着時刻は6時でございます。芸備線、宇品線、呉線はお乗り換えです」

広島駅に到着。ここから食堂車は営業となり、朝の放送が入る。

「皆さま新年あけましておめでとうございます。ただいま食堂では朝のお食事の準備が整いました。お食事には洋食と和食がございます。食堂車は中ほど5号車にございます。また車内販売ではお弁当にお茶、サンドイッチにコーヒー、新聞、雑誌などを用意いたしまして、皆様のお席までお伺いします。どうぞご利用ください」

列車は宮島を過ぎ、岩国から海沿いを走る。瀬戸内海沿いで朝日が昇る。神代、大畠、柳井港、徳山と過ぎ、小郡駅に到着。機関区に蒸気機関車の姿が見える。ここを出ると整理を始め、引き継ぎの準備にかかる。片づけが済むと下関も間近。今度は引き継ぎ乗務員に渡す番だ。関門トンネルで大急ぎで引き継ぎを済ませ、門司駅で乗務は終わり。博多までは自由な時間。門司機関区を見たり、折尾で筑豊本線のD50やD60、C55などを見ながら「はやぶさ」号でのお正月が終わった。

（宇都宮）

「はやぶさ」食堂車にて（昭和44年12月30日）

九州各線を駆け抜けた みずほ

昭和36（1961）年10月、第4の九州ブルートレインとしてデビューした「みずほ」は、最初から波乱万丈の旅立ちであった。九州ブルートレインの混雑緩和のため、東京−熊本間で運転を開始。しかし、この改正時までに使用する20系寝台車の製造が間に合わず、寄せ集めの遊休車や10系寝台車などを使用した一般客車編成で、それまでの急行列車と大して変わらぬ姿でのスタートであった。先輩の列車たちは、前年までに20系化が終了していたのだが。しかも特定日のみ運転の不定期列車だった。

昭和37年10月に定期列車の7・8列車となり、翌年6月に20系寝台列車になった。この時に博多までの付属編成を、大分ゆき「みずほ」2007・2008列車として走らせている。

昭和39年10月、「富士」が運転開始。1年余で大分「みずほ」を取り止め、「みずほ」は熊本ゆきに戻り、3・4列車になる。15両編成で、後ろ7両は博多で切り離した。

昭和40年10月の熊本までの電化完成以前は、博多以南をC59形蒸気機関車が牽引していたが、以後は電気機関車牽引となった。

昭和43年に熊本までの全線複線化が完了。10月のダイヤ改正では、付属編成の博多打ち切りをやめ、全車が熊本ゆきに。このダイヤ改正は全国規模のもので、九州関係の夜行寝台特急だけでも、「彗星」、「金星」、「明星」など新設列車が相次いだ。

昭和47年3月、山陽新幹線岡山開業ダイヤ改正で、20系から14系となる。

昭和50年3月の山陽新幹線博多全通時のダイヤ改正では、いわゆる関西ブルートレインの大削減と合わせ、九州ブルートレインも改編される。「みずほ」も付属編成を長崎本線経由の、長崎ゆきとし、熊本ゆきとは鳥栖での分割併合となる。この熊本「みずほ」、長崎「みずほ」の運転方式が、廃止の日まで継続されることとなる。

昭和58年12月より3段寝台14系から2段寝台への改造を開始。しかし、居住性は快適になっても、この頃から九州ブルートレインの利用は確実に減っていった。

平成3（1991）年6月、事態は動き出す。食堂営業が最後まで残っていた九州ブルートレインだが、そのトップを切って「みずほ」の営業が休止となる。

平成3年6月号時刻表の寝台列車の編成ページを見ると、「みずほ」の編成図の下に「6月1日から5号車では弁当の販売を行います」との注釈があり、編成図の5号車、食堂車の位置のマークが、フォークとナイフから弁当の[弁]マークに変わっている。編成図は熊本・長崎編成を合わせ堂々の14両編成ながら、「6・7・12・13号車は連結しない日もあります」の注記もある。

そしてそれから3年あまり後の平成6年12月3日改正で「みずほ」は廃止。この日が九州ブルートレイン最初の愛称消滅となる。長い歳月通い慣れた熊本と長崎の地から、静かに「みずほ」は去っていった。

最後は、熊本「みずほ」が5・6列車、

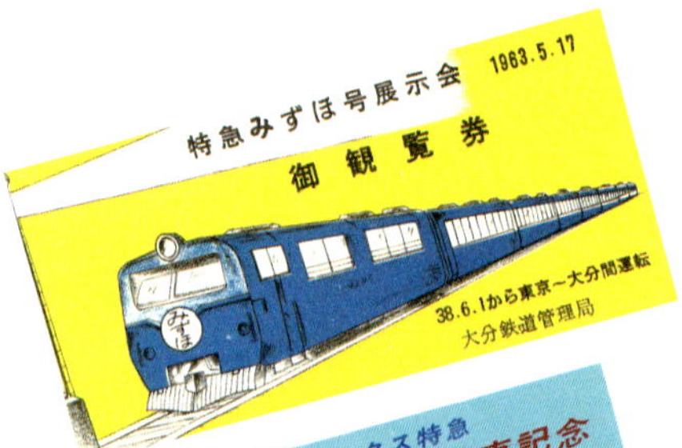

昭和36年10月1日，東京ー熊本間で不定期列車として運行開始
昭和37年10月1日，定期列車化
昭和38年6月1日，20系客車に変更。東京ー大分間の運行開始（昭和39年10月1日，「富士」に改称）
昭和50年3月10日，東京ー長崎間の運行開始
平成6年12月3日，廃止

6ないし7両編成、長崎「みずほ」4005・4006列車が4両編成という姿。熊本「みずほ」にA寝台車オロネ14を1両、食堂車として使われなくなったオシ14を1両連結。あとはすべてオハネ14、スハネフ14のB寝台車ばかり。長崎「みずほ」はB寝台のモノクラスのみの編成だった。栄えある九州ブルートレインの中にあって、「みずほ」は、各線のスターたちの陰に隠れて一番地味で、補完列車の役割を果たす設定だった印象が強い。33年間、最後まで脇役に徹した「みずほ」であった。

桜に見送られ長崎へ（長崎本線・多良—肥前大浦，昭和61年4月）

右上──博多まで牽引したED73形電気機関車からバトンタッチして熊本を目指すC59 124号機（昭和39年４月）
右中──パンタグラフを装着したカニ22が，昭和47年に14系化されるまで電源車として使用された（昭和40年頃）
右下──鳥栖駅を発車していくC59 124号機牽引の上り「みずほ」（昭和40年７月）

鳥栖駅に停車中の上り「みずほ」。このC59 124号機のデフレクター（除煙板）は，C59形で唯一下半分が切れている“門デフ”（門司鉄道管理局のオリジナルデフ）である。「はやぶさ」牽引の仕業についていた鹿児島式C61 13号機とともに，ファンに愛された。当時の編成は，東京—博多間を１等寝台ナロネ21が２両，2等寝台ナハネ20が９両，2等座席指定車のナハフ21とナハフ20がそれぞれ１両，食堂車ナシ20，パンタグラフ付きの電源車カニ22を足して，合計15両の編成。後ろ７両は博多で切り離しと連結を行っていた（昭和40年７月）

左上── 電機２代目 EF65形500番台（東海道本線・根府川ー真鶴，昭和50年２月）

左中── ３代目 EF65形1000番台（東海道本線・金谷ー菊川，昭和57年８月）

左下── ４代目 EF66形（山陽本線・富海ー防府，平成３年５月）

臨時貨物列車牽引の運用があったため，その牽引機を回送する重連による「みずほ」。ED75形が牽くブルートレインは当時あまりなかった（鹿児島本線・鳥栖駅，昭和61年２月）

EF65 1103
みずほ
MIZUHO

EF66 35
みずほ

美しく晴れた有明海の絶景を眺め，海岸線に沿う鉄路を駆けて，
終着・長崎をめざす（長崎本線・多良一肥前大浦，昭和62年11月）

左上――「みずほ」が緑のカーテンを突き抜ける（鹿児島本線・海老津一教育大前，昭和63年6月）
左下――テールマークも誇らしげに，長大編成をくねらせて，14系「みずほ」が東海道を上る（東海道本線・菊川一金谷，昭和54年3月）

JR

みずほ

栄光の1列車 富士

「富士」は現在、走行路線の最優等列車を表す栄えある列車番号、第1・2列車を名乗っている。ペアを組む「はやぶさ」は九州内では付属編成扱いで、41列車、42列車。この列車番号はかつて荷物列車につけられていたのだが……。東海道、山陽本線で最後に残った1往復のみのブルートレインだから当然のこととはいえ、長らく第7・8列車の呼称に慣れ親しんできた者には、なんとも不思議でもある。

「富士」の歴史は戦前にさかのぼる。明治45（1912）年6月に日本初の特別急行1・2列車が新橋－下関間に運転開始。1等2等のみで編成され、最後尾には1等展望車も連結した、日本を代表する列車だった。これに昭和4（1929）年9月、「富士」と命名している。この時、3・4列車には「櫻」とつけられた。日本初となる列車愛称名の誕生だ。この列車は昭和17年11月には関門トンネルの完成で長崎乗り入れも実現したが、第2次世界大戦の激化に伴い運行中止。

戦後の昭和36年10月から、東京－神戸・宇野間の昼行151系電車特急「富士」として走り、愛称が復活。東海道新幹線開業を翌日に控えた昭和39年9月30日限りで、昼行列車の「富士」は廃止された。

そして、東海道新幹線開業、東京オリンピックの年の昭和39年10月1日、「富士」は第5の九州特ブルートレインとして、東京－大分間に誕生した。最初から20系客車15両編成で、後ろの7両は下関で切り離し、大分へは8両で乗り入れた。前年の6月より「みずほ」の付属編成が分割され、大分へも走っていたが、この大分編成をルーツとして「富士」が誕生したことになる。これらが日豊本線初の寝台特急であった。

誕生の翌年、昭和40年10月には、運転区間が一気に西鹿児島まで延長される。東京から西鹿児島まで実走行距離1595・2キロ。所用時間は24時間以上という国鉄最長距離夜行寝台特急の誕生である。

その後、昭和50年3月の山陽新幹線博多開業を受け、廃止された関西ブルートレインから転用されるかたちで24系客車化。翌年9月には2段寝台の24系25形客車となる。

昭和53年1月には食堂車の所用数を1両減らすため、西鹿児島まで連結していた食堂車を付属編成に移し、大分折り返しとする。

それからは国鉄の減量化ダイヤ改正が続き、昭和55年10月改正では、ついに運転区間が東京－宮崎間に縮小され、最長距離ブルートレインの座を「はやぶさ」に譲り渡す。

昭和39年10月1日，東京ー大分間で運行開始
昭和40年10月1日，東京ー西鹿児島に区間変更
昭和55年10月1日，東京ー宮崎に区間変更
平成2年3月10日，東京ー南宮崎に区間変更
平成9年11月29日，東京ー大分に区間変更
平成17年3月1日，「はやぶさ」との併結運転開始

関門トンネル開通時の「富士」展望車（下関・昭和17年11月）

15両編成「富士」が上京（東海道本線・早川－根府川，平成2年7月）

しばらく列車削減など暗いニュースが続いていたが、昭和59年2月には廃止されていた九州ブルートレインにヘッドマーク復活の嬉しい知らせ。関門トンネルをはさむ、わずか1駅間運転のＥＦ30やＥＦ81にも燦然とヘッドマークが掲げられる。翌年3月には東京－下関間の牽引機がＥＦ65形１０００番台からＥＦ66形に替わり、ヘッドマークも円形から山型へと変更された。

昭和61年11月には「はやぶさ」と共通運用となり〝ロビーカー〟を連結、平成元（１９８９）年3月には1人用Ｂ寝台個室〝ソロ〟が連結された。

平成2（１９９０）年3月、車両基地のある南宮崎までの営業とし、1駅延長されて東京－南宮崎間の運転に。大分までは15両編成で、以遠は電源車を含む7両編成になった。

平成5年3月、食堂車の営業を休止。平成9年11月には運転区間を大分までに縮小。大分まで13両編成で走り、そのまま東京へ折り返すこととなる。平成11年12月には「さくら・はやぶさ」編成と共通運用となり、14系と24系25形混成の15両編成となるが、約2年後の平成14年3月には12両編成に減車。そして平成17年3月、「はやぶさ」との併結となった。

九州内では14系6両編成で、門司－大分間を単独「富士」の山型ヘッドマークを掲げて最後の走りを披露している。最後の姿は、共通運用の「はやぶさ」と全く同じで、Ａ個室寝台シングルデラックス1両にＢ個室寝台〝ソロ〟が1両、開放式Ｂ寝台車4両となっている。

栄光の1列車ブルートレイン「富士」には、九州内では最後までダブルヘッドマークが掲げられることはなかった。

左上──電化前の日豊本線をDF50形重連で牽く上り「富士」（日豊本線・豊後豊岡ー日出，昭和42年３月）

左中──耳川橋梁を渡る西鹿児島ゆき下り「富士」（日豊本線・南日向ー美々津，昭和42年８月）

左下──中津市内の踏切を通過する特急「富士」。乗用車や三輪トラック，バイクなどの風景の中を，豪華20系寝台特急が大都会をめざす（日豊本線，昭和40年12月）

気動車急行「錦江１号」（キハ58系）とDF50牽引の「富士」が出合った。タブレットは単線区間を列車が安全に運行するための大切な通行手形。写真はDF50のタブレットキャッチャーがタブレットを受け取る瞬間（日豊本線・国分，昭和45年９月）

富士

ワカヤマ

上り特急「富士」8レ。左側の道路脇の線路は大分交通別大線で，
廃止直前の風景（日豊本線・東別府―西大分，昭和47年4月）

左上――DF50の不調の代走で「富士」牽引実績のあるC57 199号機。DF50はディーゼル発電機と駆動用のモーターを装備した電気式ディーゼル機関車だった。無煙化には貢献したものの出力不足で故障も多く，重連運転をしたり，C57による代走を行ったりしていた。この代走実績のあるC57 199号機にヘッドマークをつけてもらっての撮影（大分機関区，昭和42年8月3日）
左中――試作ヘッドマーク「赤富士」をつけたEF66。下関運転所・クラフトセンターの製作で，何度か実際に掲出して牽引している。このヘッドマークは現在，大阪の交通科学博物館にある（昭和62年7月）
左下――EF65形500番台牽引の下り特急「富士」が下関駅に進入する（昭和50年2月）

C57 199
富士
FUJI

EF66 53
富士
FUJI

EF65 537
富士

左──ロビーカー（オハ24 700番台）が増結され15両編成となった直後の「富士」を，北陸から転属してきたEF81形が牽引。重連総括（400番台）に改装工事を施す前のブルトレ牽引は珍しい（日豊本線・吉富─三毛門，昭和61年1月）

下──白いラインの入ったサザンクロス牽引専用ED76 78が牽引する「富士」（日豊本線・宗太郎─北川，平成6年11月）

右── ＥＤ76重連運転が実現した下り「富士」１レ
（日豊本線・中山香─杵築，平成19年11月）
上── 門司駅で上り「富士」の到着を待つ関門トンネル専用機ＥＦ30（昭和60年３月）

別府の街並を後にして，別府湾沿いの別大区間で最後の力走をする「富士」（日豊本線・東別府－西大分，平成20年８月）

EF 66 49
富士
Fuji
Hayabusa
はやぶさ

栄光の１列車が威風堂々，山陽路を下る（山陽本線・本由良－厚東，平成20年５月）

富士号を牽いたＤＦ50形ディーゼル機関車

ＤＦ50形が九州の大分機関区に配置されたのは昭和33（１９５８）年10月のことで、当初機関１０６０ＰＳの０番台（29・30・31号機）３両が到着、試運転が始まった。翌年には機関出力１２５０ＰＳ、５００番台が入り、０番台と交代した。

昭和34年4月7日から4月28日の間に日立で作られたＤＦ50-５３０から５３４号機の５両が新制配置されている。これは電気式ディーゼル機関車で、エンジンを回して電気を作り、モーターで走行する。また、機関車内にはＳＧを搭載していて、蒸気暖房を行える。性能的には、低速でＤ51形、高速でＣ57形クラスの性能を持ち、時速90キロで走行できる。

昭和34年から本格運転が開始され、翌35年5月11日から5日間、日豊本線全線で運転試験が行われている。その後、Ｃ57形に替わり急行列車に使用された。昭和35年から37年にかけて増備が続き、ＤＦ50形は普通列車にも入ってきた。

昭和38年、「みずほ」号に新形20系固定編成が完成し、九州で4番目のブルートレインとなった。この「みずほ」号は門司駅で分割運転が行われ、初めて日豊本線に20系車両が入線。基本編成は熊本ゆき、付属編成は大分ゆきとなった。この時に簡易電源車マヤ20形が初めて使用された。

昭和39年10月1日、時刻改正が行われ、分割運転が行われていた「みずほ」号を単独運転として、５本目のブルートレインが誕生した。寝台特急「富士」号である。

この時から大分運転所のＤＦ50形が「みずほ」号、「富士」号の先頭に立ち、活躍を始めた。そして、この改正からＤＦ50形機関車の前にもヘッドマークがつくようになった。「富士」号は翌昭和40年10月1日ダイヤ改正からは西鹿児島ゆきとなり、日本一の長距離ブルートレインとなっている。九州内、門司から西鹿児島まで４７４・４キロをＤＦ50形が走行した。

その後、秋田機関区や敦賀機関区からも転属車があり、大分運転所には30両近くが配置された。昭和41年には新田原まで電化され、門司機関区のＥＤ72・73形電気機関車を行橋まで運転する計画もあったが、試運転などのみとなった。

大分電化を翌年に控えた昭和41年10月の大分国体では、九州で唯一、ＤＦ50形のお召し列車も運転された。機関車はＤＦ50-５６０とＤＦ50-５５３号機が重連で使用されている。

昭和41年10月21日、博多駅をＥＤ

大分運転所で休むDF50 530（昭和42年1月6日）

733号に牽かれて発車。小倉に到着したお召し列車は、下り方にDF50形重連を連結して日豊本線を下り、別府まで運転されている。翌22日、別府－高城間、24日には別府－佐伯間で運転された。また佐伯駅では14時35分発、お召し列車の先行列車となる14時23分発8レ「富士」号の定時運転の通達も出されている。この駅では下り33レ「高千穂」号や「富士」号など、DF50形に牽かれた列車と出合っている。

昭和42年、幸崎駅電化までDF50形が活躍した。電化工事と同時に複線化も行われ、立石峠付近でも工事が始まった。1月には電化工事も進み、一部架線もかけられていった。DF50形は相変わらず急行「日向」、「高千穂」号や「富士」号を牽いて活躍した。

そんな中、立石峠DF50形4重連が登場した。この年の臨時列車にはC57形やD51形なども使用されている。立石峠では補機として蒸気機関車の前やDF50形の重連、3重連、4重連で使用された。この頃「富士」号を牽引していたDF50形が不調で、よく重連で運転されていた。

この年の7月には大分運転所のED76形の試運転も始まり、C57形、C50形、D50形の前につき、練習運転が始まった。蒸気機関車は柳ヶ浦で交換して使用されていたが、DF50形は直通で運転された。DF50形と電気機関車ED76形との重連運転も始まったが、電気機関車が後ろで押すことや前について牽くこともあった。10月には幸崎まで電化が完成。門司港－大分間を新しい電気機関車ED76形に譲り、DF50形は大分以南での活躍となった。立石峠や八坂川橋梁、別府湾などは、思い出の場所となった。

北部九州には姿を見せなくなったが、大分－西鹿児島間ではDF50形の姿を見ることができた。昭和43年10月1日時刻改正では、寝台特急「彗星」号が新大阪－宮崎間に誕生した。この「彗星」号もDF50形が大分－宮崎間を担当。昭和45年には都城へ延長された。

昭和44年1月10日、DF50形を久大本線に使用する計画が出された。試運転計画は久大本線全線、鹿児島本線・久留米－鳥栖間となっていた。機関車の軸重から10か所の橋梁の改良が必要となっていたが、2月1日に出された通達で、新形ディーゼル機関車DE10形の入線テストの計画が出され、DF50形の入線は見送られた。

この年の11月7日にはDF50形の後継機としてDD54形の入線試験計画が出された。これは大分－宮崎間と宮崎－鹿児島間で使用する目的で、

機関車番号	製造年月日	製造所名	経　　　歴	廃車年月日	休　車　歴	全走行キロ
DF50 544	34.9.29	〃	新製配置＝大分区　49.4.25＝宮崎区	54.10.1		2,396,253
DF50 547	35.9.30	川崎車両	新製配置＝秋田区　42.10.5＝米子区　51.10.13＝宮崎区	53.9.30	53.5.1—5.30一休	2,651,172
DF50 551	35.8.25	日　立	新製配置＝大分区　49.4.25＝宮崎区	51.10.25	51.7.13—8.11一休 51.8.12小倉工場へ	2,002,360
DF50 552	35.8.30	〃	新製配置＝大分区　49.4.20＝宮崎区	51.12.25	51.9.21—12.24一休 9.20クランク軸折損 52.1.16小倉工場へ	2,079,046
DF50 553	35.9.2	〃	新製配置＝大分区　49.5.3＝宮崎区	54.10.1	53.12.1—54.1.31一休	2,192,751
DF50 554	35.9.20	〃	新製配置＝大分区　49.4.22＝宮崎区	54.10.1		2,201,022
DF50 555	35.9.28	〃	新製配置＝大分区　49.2.26＝宮崎区	54.10.1	53.1.1—2.28一休	2,472,951
DF50 556	35.9.30	〃	新製配置＝大分区　49.4.25＝宮崎区	54.10.1	53.12.26—54.5.17一休	2,225,249
DF50 559	37.1.9	川崎車両	新製配置＝秋田区　42.10.4＝米子区　51.9.24＝宮崎区	54.10.1	54.4.1—4.30一休	2,024,758
DF50 560	36.9.25	日　立	新製配置＝敦賀第一区　37.6.13＝大分区　49.4.21＝宮崎区	54.5.7	53.5.2—　　一休 谷頭預ケ	1,944,707
DF50 561	36.9.26	〃	新製配置＝大分区　49.4.26＝宮崎区	54.10.1	53.3.1—4.30一休	2,161,023
DF50 562	36.9.27	〃	新製配置＝大分区　49.4.25＝宮崎区	54.10.1	54.6.5—7.12 54.8.12—9.11一休	2,014,165
DF50 563	36.9.29	〃	新製配置＝大分区　49.4.24＝宮崎区	53.9.30	(53.10.1—　一休) 谷頭預ケ	2,154,628
DF50 566	37.10.17	川崎車両	新製配置＝郡山区　42.7.4＝米子区　51.8.9＝宮崎区	53.7.20	53.5.15—7.19 53.11.1—11.30一休	2,054,423

門司機関区（昭和41年８月28日）

貨物はＤＤ54形重連やＤＥ10形との組み合わせ試験なども予定されていた。その他ＤＤ51形との比較も検討されていて、ＤＤ54形が山陰本線で順調に走れば、日豊本線でも特急「富士」号や急行「高千穂」、「日向」号を牽く姿が見られたことだろう。しかし、ＤＤ54形は昭和45年に入っても入線することはなく、ＤＦ50形が活躍を続けた。

同年の10月には鹿児島本線・熊本－鹿児島間の電化開業を迎え、門司港－鹿児島間で電気機関車の運転が始まった。昭和47年には豊肥本線、日豊本線・大分－延岡間が無煙化された。昭和48年12月7日には幸崎－南宮崎間で架線がかけられ、試運転も始まった。また、この年には大分運転所から宮崎機関区にＤＦ50形22両が転属している。

翌昭和49年4月25日、電化は南宮崎に到達し、電気機関車、電車の時代となった。ＤＦ50形は宮崎－西鹿児島間のほか、新しく、都城－吉松間でも使用を開始した。吉都線では単独運転のほか、Ｄ51形との重連なども見られた。

昭和53年6月1日から、ＤＦ50形からＤＥ10形への置き換えが始まり、翌年10月には完了して、吉都線に来ることはなくなった。宮崎機関区では昭和54年9月30日、ＤＦ50形のさよなら列車を宮崎－西鹿児島間で運転している。

そして昭和54年10月1日、最後まで残った16両は全機廃車となった。

昭和33年九州に入り、寝台特急「富士」号や急行「高千穂」、「日向」、「夕月」、新婚列車の「ことぶき」号などを牽いて、20年間、日豊の地で活躍したＤＦ50形は、静かにその幕を降ろした。

■ DF50経歴表　宮崎機関区 DL 検修（昭和54年10月12日）　（年号はすべて昭和）

機関車番号	製造年月日	製造所名	経歴	廃車年月日	休車歴	全走行キロ
DF50 502	33.5.28	川崎車両	新製配置＝米子区　48.10.10＝大分区　49.4.25＝宮崎区	51.10.25	51.9.10一休 51.9.9小倉工場へ	2,538,924
DF50 503	33.6.20	〃	新製配置＝米子区　37.10.26＝秋田区　41.8.1＝大分区　49.4.23＝宮崎区	51.10.25	51.9.17一休 51.9.21小倉工場へ	2,234,575
DF50 506	33.8.14	〃	新製配置＝米子区　51.10.5＝宮崎区	54.5.30	54.5.1一休	2,538,942
DF50 509	33.9.24	東　芝	新製配置＝敦賀第一区　34.11.9＝米子区　37.2.4＝秋田区　41.9.24＝大分区　49.4.25＝宮崎区	54.10.1	53.3.1一休 54.4.18小倉工場へ クランク軸の焼損	2,371,317
DF50 523	34.2.13	川崎車両	新製配置＝米子区　34.5.24＝秋田区　41.10.3＝大分区　49.4.25＝宮崎区	53.9.20	53.8.1—8.31一休	2,438,928
DF50 530	34.4.7	日　立	新製配置＝大分区　49.4.25＝宮崎区	54.5.30	54.4.1—　一休	2,451,953
DF50 531	34.4.13	〃	新製配置＝大分区　49.4.24＝宮崎区	54.5.7	53.3.24ＭＧギア不良 痛入53.6.20チ 53.12.1谷頭預ケ	2,362,939
DF50 532	34.4.14	〃	新製配置＝大分区　49.4.26＝宮崎区	54.10.1		2,331,772
DF50 533	34.4.17	〃	新製配置＝大分区　49.4.27＝宮崎区	54.10.1	53.7.1—7.30一休	2,410,094
DF50 534	34.4.28	〃	新製配置＝大分区　49.4.25＝宮崎区	54.10.1		2,745,365
DF50 541	34.3.29	〃	新製配置＝敦賀第一区　37.6.10＝富山区　40.10.14＝秋田区　41.10.28＝大分区　43.9.16＝米子区　51.9.28＝宮崎区	53.7.20	53.4.24—7.20一休	2,094,395
DF50 542	34.4.12	〃	新製配置＝敦賀第一区　37.6.10＝富山区　40.10.21＝秋田区　41.7.10＝大分区　49.4.2＝宮崎区	51.12.25	51.10.10—10.12一休 51.10.12吉松預ケ	2,041,295
DF50 543	34.9.25	〃	新製配置＝大分区　49.4.25＝宮崎区	54.10.1	54.7.1—8.14一休	2,345,295

富士に乗る

時刻表の昭和43年10月号国鉄ダイヤ全面大改正号を携えて、日本最長距離の20系ブルートレイン「富士」7列車の、はるかなる時空の旅に出発進行！

東京駅、18時少し前に、今は東北・上越新幹線ホームの下に消えた14番のりばに到着。秋も深まり、すでにあたりは宵闇に沈み始めている。

18時ちょうど、「はやぶさ」5列車が静々と出発していく。20系寝台車の15両編成は次第に速度を増し、青い車体が流れる帯となって東京のネオンの中に消えていく。「はやぶさ」も「富士」と同じ終着駅・西鹿児島（付属編成は長崎ゆき）を目指すが、これから乗車する「富士」が日豊本線を経由するのに対して、「はやぶさ」は鹿児島本線を経由して、終着は3時間ほど早い。

同じく18時、左手の高架ホームから新大阪ゆき「ひかり43号」0系新幹線12両編成〝夢の超特急〟が同時発車。

18時13分、品川の車両基地から回送の「富士」が有楽町方面から到着する。こちらも20系寝台客車を15両連ねた長大編成。1等寝台2両、2等寝台11両、そして食堂車1両に電源荷物車1両の陣容だ。下関まで牽引する電気機関車EF65形500番台が「富士」の先頭に立つべく、15番のりばを機回しされていく。

「富士」は18時30分の発車だが、乗客は忙しい。大荷物を自席の寝台に置き、食堂車に駆けつける。食堂車は大人気で、発車と同時に営業開始する。コトリと列車が動き出すと、すでに席に着いているお客さんの注文取りが始まる。

カレーライス180円、チキンライス180円、カツレツ定食350円……。コーヒー70円とともにカツレツ定食を注文すると420円で、同額で、当時の国鉄2等運賃では距離にして120キロまで、東京から熱海の次の函南まで、博多からは熊本まで行けることになる。

18時58分横浜を発車、通勤帰りの人で混む下り浜松ゆき345Mを待たせ、「富士」が追い抜く。

今夜の宿は2等寝台3段ベッドの上段。東京から西鹿児島までの2等運賃3610円のところ学割で2890円と、寝台料金は上段で800円と特急料金が1200円で、しめて4890円ナリ。熱海に2分停車して20時04分発車。

丹那トンネルに入り改めて時刻表を眺めると、「富士」の後にもほぼ20分ごとに夜行寝台列車が雁行する。18時50分発特急「あさかぜ1号」。19時10分発特急「あさかぜ2号」、19時30分発急行「出雲」からは、後年には特急に昇格する急行夜行列車群となる。急行「瀬戸1号」急行「安芸」、急行「紀伊」。急行「銀河1号」は最後まで急行だった。

「富士」は県庁所在地・静岡も通過して、次の停車駅は21時57分着の浜松。そして次の23時18分着の名古屋で、一番前の電源車にある荷物室から新聞などの積み降ろしを行い、5分停車。

このころになると、空腹を感じ始める。夜食用に東京駅で買っていた駅弁・チキン弁当200円を、上段の天井に頭をつかえさせながらかき込む。

腹が膨らむと眠くなる。深夜停車となる京都1時21分発、大阪1時59分発は夢の中。大阪を出て約10分後の西ノ宮付近で上り「富士」ともすれ違っているはずだ。さらに岡山4時14分発、福山4時58分発の時も熟睡。

急曲線で車輪がきしむ音を感じて、広島の手前で目が覚めた。この区間は〝セノハチ〟と呼ばれ、〝西の箱根越え〟とも形容される難所。急勾配のため、上り列車では、長大貨物はもちろん、EF58形牽引のブルートレインにも、後部補機の補助機関車を必要とした。

広島を6時32分に発車、ゆっくりと夜も明けてくる。宮島口から岩国を過ぎて、左手車窓に広がる瀬戸内の朝の海がすがすがしい。柳井7時35分の到着を待たず、車掌補の寝台の片付けが始まり、車内は賑やかに。寝台の使用は午前7時までとなっており（使用開始は21時からで、静岡付近から）、後は終着駅まで下段を座席として使用する。私のボックスは上中下とも満員で、下段片側に3名が座り、計六人が向かい合わせとなる。

この同乗記は時刻表によるフィクションである。当時の私は高校１年生で，颯爽と走る「富士」を撮影し，見送るのが関の山だった。写真は平成20年４月の「富士」の姿（日豊本線・杵築―大神）

防府8時30分。宇部9時07分では、新大阪発下関ゆき急行「音戸1号」を待避させ追い越す。

　ついに本州の最西端・下関に9時44分に到着。東京からの直流電気機関車ＥＦ65形は任務完了。4分停車の間に、関門の主・交直流電気機関車ＥＦ30形にバトンタッチする。

　そして、関門トンネルをくぐり、門司でいよいよ九州上陸。9時56分の到着。今度は九州の交流電気機関車ＥＤ74形に交代のため5分停車。

　当時の寝台特急は小倉も通過し、次の停車駅は中津10時55分。わがボックスからはまだ誰も下車せず、3人掛け通路側で下関で購入した「かしわめし」１００円をたいらげる。

　別府は12時03分着でもう昼となった。左手に別府湾の眺望を楽しんで、12時18分、大分に到着する。

　ここで8分の停車だが、「富士」編成の後ろと前で動きがある。まず後ろの大分までの車両7両を切り放し、前では電気機関車からディーゼル機関車ＤＦ50形への付け替えが行われる。電化区間はこの先5駅目の幸崎までだからだ。12時26分発車、身軽な8両編成となり終着駅・西鹿児島を目指す。同室の2人が大分で下車したため、座席に余裕が出た。

　佐伯13時37分発、日豊本線随一の難所・宗太郎の峠越えにかかる。途中、重岡で単線ゆえに運転停車して道を譲るブルートレインに出合う。姉妹列車の上り8列車「富士」だ。あちらも朝の9時15分に西鹿児島を出発してすでに5時間近く、互いの道中の無事を願い、ＤＦ50形同士が「ピッ！」と短いホイッスルの挨拶を交わす。

　下り「富士」7列車は西ノ宮付近と重岡とで、上り「富士」8列車と2回も行き違う。つまり先の8列車の24時間後に出発した、翌日の次の8列車とも出合うのだ（この頃は「はやぶさ」も2回出合っていたが、今は運転区間短縮と併結運転のため、加古川付近で「はやぶさ・富士」同士の一度だけのすれ違いとなっている）。

　延岡14時50分発車、日向市15時13分、日向灘の絶景が続く。宮崎16時13分到着。すぐ隣の宮崎機関区の蒸気機関車の煙が凄い。この付近ですれ違う普通列車は、古い客車をＣ57形やＤ51形蒸気機関車が牽いている。

　延岡と宮崎で1人ずつ下車。6分停車の間に椎茸飯１５０円を購入。もう一度、食堂車に行きたい衝動もあるが、ご当地名物弁当に軍配を上げる。

　すでに夕方の宮崎を16時19分に発車。都城17時19分着、最後の1人が下車。ひとりぼっちで前の座席に足を投げ出す。霧島神宮18時01分、隼人18時21分、南国薩摩にも遅い夕暮れが迫る。錦江湾越しに鹿児島のシンボル・桜島の出迎えを受け、18時50分鹿児島着。そして次の西鹿児島が最終着駅、18時57分。

　東京から西鹿児島まで約１６００キロ、日本一長い寝台特急の旅が終わった。所用時間は24時間と27分！

（栗原）

関西ブルートレイン登場
あかつき

昭和53年から昭和60年までディーゼル機関車ＤＤ51に牽引され，筑豊本線を経由した佐世保ゆき「あかつき」。右奥に見えるのは忠隈炭鉱のボタ山（筑豊本線・飯塚ー天道，昭和55年３月）

東京と直結する九州ブルートレインに続いて、東海道新幹線を乗り継ぎ、関西と九州とを結ぶ夜行寝台特急・関西ブルートレインも充実が図られた。

昭和40（1965）年10月1日、そのトップを切って登場したのが、新大阪－西鹿児島・長崎を結ぶ20系ブルートレイン「あかつき」。11・12列車を名乗り、長崎編成の方は2011・2012列車だった。

昭和40年のダイヤ改正は、前年の東海道新幹線開業を受け、新幹線接続の特急列車網の充実を図った。この時に九州初の481系交直流電車特急も登場し、昼行特急「つばめ」名古屋－熊本間と、「はと」新大阪－博多間が走り始めている（電車特急「つばめ」は昭和39年10月、新大阪－博多間に初登場するが、151系直流電車を使用したため、交流電化の九州区間を交流電気機関車が牽引するという変わり種だった）。

昭和43年10月には新大阪－西鹿児島・佐世保間に20系「あかつき」1往復が増発。佐世保編成は2025・2026列車だった。さらに山陽新幹線岡山開業の昭和47年3月には、新大阪－熊本・長崎間に20系「あかつき」1往復が増発。同10月の長崎本線・市布経由の新線開通の改正で、新大阪－熊本間に1往復増発。計4往復になり、そのうちの3往復に14系寝台が採用された。

昭和48年10月の改正では、早岐客貨車区に14系寝台車94両を配置。新大阪から長崎ゆき・佐世保ゆきの2往復を増発、西鹿児島ゆきも加え6往復となる。また、初めて愛称の異なる特急「彗星」と「あかつき」が、新大阪－門司間を併結運転する。

昭和49年4月の改正で、新大阪－熊本間に1往復増やされ、「あかつき」の運転本数はピークの7往復を数えるようになる。この時、3段B寝台の24系に加え、新製の24系25形客車が一部に投入され、これが2段B寝台のデビューとなった。

しかし昭和50年3月の山陽新幹線博多開業で、関西ブルートレインも転機を迎える。「あかつき」4往復が廃止。同時に行き先別に列車愛称の整理が行われ、「あかつき」は長崎・佐世保ゆきのブルートレインのみに使用されることとなる。また、新大阪－鳥栖間で「明星」との併結運転も実施。

昭和51年7月、長崎・佐世保線の電化が完成。昭和53年10月改正で、「あかつき・明星」の1往復を廃止して2往復にし、筑豊本線経由の佐世保編成「あかつき」を運転、2段寝台の14系15形となる。しかし、

昭和40年10月１日，新大阪ー西鹿児島・長崎間で運行開始
以降，佐世保・熊本発着列車も運行開始
昭和50年３月10日，西鹿児島・熊本発着列車は「明星」に統合
平成12年３月11日，佐世保発着列車廃止。長崎発着列車は「彗星」との併結運転に
平成17年10月１日，「彗星」の廃止に伴い「なは」との併結運転開始
平成20年３月15日，廃止

昭和60年3月、筑豊本線経由をやめ、2往復とも博多経由に。そして翌年11月の国鉄最後のダイヤ改正で、長崎・佐世保ゆき1往復のみとなった。

平成2（1990）年3月、長崎編成にグリーン車並みのリクライニングシートを備えた普通座席指定〝レガート〟車を連結。平成4年4月には、1人用B個室〝ソロ〟の連結開始。平成10年10月にはA寝台1人個室〝シングルデラックス〟、B寝台2人個室〝ツイン〟とB寝台1人個室〝シングルツイン〟合造車が長崎編成に組み込まれ、〝レガートシート〟と合わせバラエティ豊かなブルートレインとなっている。

しかし、廃止の足音は近づいていた。

平成12年3月改正で佐世保ゆきを廃止。わずか3か月前に佐世保「さくら」が廃止されたばかりだった佐世保線から、ブルートレインは完全撤退。長崎編成「あかつき」は京都－門司間を「彗星」との併結運転となる。

平成17年10月からは、「彗星」の廃止により、併結相手を「なは」に変更。鳥栖での分割併合であったが、門司から九州内全区間を同一の「あかつき・なは」のダブルヘッドマークで運転した。

それから2年半、平成20年3月15日、関西ブルートレイン最後の2本だった「あかつき」と「なは」が同時に廃止された。

これで長崎県を走るブルートレインは完全消滅となった。

C60 23

あかつき

昭和60年代初頭まで関門の主であったEF30形が「あかつき」を先導する。ヘッドマークを誇らしげに掲げ，これから関門トンネルをくぐり抜けて，遠く関西へと旅立つ（鹿児島本線・門司，昭和60年10月）

右上──「あかつき」誕生から半年の間は，DD51形に混じってC60形蒸気機関車もブルトレ牽引の任に当たった（長崎駅，昭和40年10月）

右中──DD51形牽引の鹿児島編成「あかつき」。昭和50年３月の山陽新幹線全通を機に関西─鹿児島・熊本がすべて「明星」に統一されるまでの間，長崎ゆきとの併結も含めると，最盛期は３往復の「あかつき」が，新幹線乗り継ぎ寝台特急として鹿児島と関西とを結んだ（鹿児島本線・肥後田浦─上田浦，昭和44年４月）

右下──EF58形牽引の下り特急「あかつき」が，EF30形の待つ下関駅に進入（山陽本線・下関，昭和48年３月）

昇ったばかりの太陽が，「あかつき」の牽引機 ED76形の運転
席と一瞬重なる（鹿児島本線・天拝山－原田，平成19年５月）

上──JR貨物のEF81 303（304とともに通称“銀ガマ”）牽引の「あかつき」。ファンにとっては，とっておきのお年玉（平成18年1月1日）
中──鳥栖駅1番線に入線して発車を待つED75 304牽引の上り「あかつき」（昭和59年9月）
下──EF65形1000番台牽引「あかつき」が九州へ出発（東海道本線・大阪，昭和61年10月）

「あかつき」に連結されていた１人用Ｂ寝台個室“ソロ”オハネ15形350番台の美しいフォルム（長崎本線・現川，平成20年３月）

長い歳月をくぐり抜けた九州独自の球型ヘッドマーク（佐世保線・佐世保，平成12年２月）

上＝この当時としては非常に珍しいEF66形牽引の「あかつき」（東海道本線・山崎，平成７年４月）
下＝平成20年３月，最後の「あかつき」が６キロあまりの長崎トンネルに吸い込まれていく（長崎本線・現川）

左２枚・上──「あかつき」さよならセレモニー
左２枚は平成12年３月10日佐世保駅，上は平成20年３月15日長崎駅

下──長崎本線・長崎ー諫早往復の「あかつき」さよなら臨時列車のED76の運転席（平成20年３月）
「あかつき」最後の姿はＡ寝台個室オロネ14形300番台シングルデラックス，Ｂ個室寝台オハネ14形300番台シングルツイン，ツイン合造車，Ｂ個室寝台オハネ15形350番台ソロ，普通座席指定オハ14形300番台レガートシート車がそれぞれ１両に，開放２段式Ｂ寝台スハネフ15形が２両で，合計６両編成であった

朝もやに煙る佐賀平野の新しい朝，ED76がきらりと輝く（長崎本線・牛津―肥前山口，平成19年11月）

電車寝台からブルトレへ
明星

遠くに天草諸島をのぞみ，不知火湾沿いを走るブルートレイン「明星」（鹿児島本線・上田浦－肥後田浦，昭和60年９月）

鹿児島発着のブルートレイン「明星」のルーツは、昭和40（１９６５）年10月に運転が開始された20系ブルートレイン「あかつき」となる。

昭和43年10月、それまでの東京－大阪間の寝台急行「明星」より愛称を譲り受け、新大阪－熊本間に５８３系寝台電車特急「明星」が誕生。同時に鹿児島本線最後の関西ブルートレインとなる「なは」の愛称もデビューする。

昭和45年３月、大阪万博輸送増強で５８３系「明星」が新大阪－熊本間に増発。同年10月の鹿児島本線全線電化完成の改正では、京都－西鹿児島間に５８３系寝台特急「きりしま」が新設されている。

昭和47年３月改正では、「明星」は４往復となるが、すべて５８３系のみの寝台電車特急だった。

そして昭和50年３月、山陽新幹線博多開業によるダイヤ改正で「きりしま」と「あかつき」が「明星」に統合され、初めて客車編成が投入される。「明星」は全７往復となり、運転本数のピークを迎えた。内訳は５８３系電車特急が３往復のほか、14系１往復、24系25形２往復、14系座席車１往復（季節列車）の陣容。

また、「明星」の愛称は鹿児島本線方面のみの特急に整理され、筑豊本線経由の「明星」１往復も設定されたが、昭和53年10月改正で「あかつき」に建て替えとなる。また、「明星」は季節列車１往復を含む４往復に減便。24系25形と５８３系がそれぞれ２往復となった。

その後も減量化ダイヤ改正が続き、昭和55年10月改正と昭和57年11月改正を経て、ついに「明星」は、新大阪－西鹿児島間の24系25形ブルートレイン１往復のみになった。

最後に残った「明星」は、昭和59年の改正で「あかつき」との併結運転になり、昭和61年11月改正では20系客車による臨時列車とされ、実質的な廃止となった。

昭和43年10月１日，新大阪－熊本間で運行開始
昭和50年３月10日，西鹿児島・熊本発着の「あかつき」と「きりしま」を吸収。14系・24系25形客車に変更
昭和59年２月１日，「あかつき」との併結運転開始
昭和61年11月１日，臨時列車に格下げ

右── ダブルヘッドマークを掲げて走る昭和59年の姿（東海道本線・山崎ー高槻）
下── 朝日を斜めに受けて，「明星」と「あかつき」の併結列車が九州を南下する。この後，鳥栖で分割され「あかつき」は長崎へ，「明星」は西鹿児島へと向かった（鹿児島本線・天拝山ー原田，昭和59年４月）

左上──昭和50年代後半までは臨時特急「明星」には20系ブルートレイン（手前）も使用された。奥は定期の「明星」24系25形（鹿児島本線・西鹿児島，昭和58年12月）

左下──田原坂を越え，肥後から薩摩へと駆け抜けた（鹿児島本線・木葉─田原坂，昭和59年４月）

明星
あかつき
EF 30 4
168L

上り「明星・あかつき」を牽引して，折り返し，下り「なは」の到着を下関駅で待つEF30。「なは」のヘッドマークは反対側についている。EF30ならではの質感を感じさせる（昭和61年９月）

鹿児島最後のブルトレ
なは

鹿児島県に入った「なは」を美しい東シナ海の海岸線が出迎える。平成16年の九州新幹線鹿児島ルート開通まで，この姿が見られた（鹿児島本線・薩摩大川ー西方，平成９年９月）

昭和43（1968）年10月の改正で、「なは」の愛称は誕生した。ただし、この時点では、大阪－西鹿児島間を結ぶキハ80系気動車特急「なは」で、昼行特急の設定であった。

「なは」は沖縄県那覇市の〝なは〟で、この地名が愛称に採用されたことには理由がある。まだ沖縄が日本に復帰する前の昭和42年、本土復帰を願う県民の声を受けて、沖縄の地元新聞社が「本土に沖縄名の列車を走らせよう」という運動を実施。応募された「おきなわ」、「なは」、「しゅり」、「でいご」、「ひめゆり」の五つの候補から、国鉄の列車愛称選考会が「なは」と決定。その愛称を、最後まで使い続けたのである。

昭和48年からは昼行の481系電車特急「なは」に変更。昭和50年3月の改正で、新大阪－西鹿児島間の583系夜行寝台電車特急「なは」に生まれ変わる。

昭和59年2月改正で、583系「なは」は、新大阪－西鹿児島間を走る24系25形夜行寝台客車特急となり、ブルートレイン「なは」が誕生した。

平成2（1990）年3月から平成4年7月にかけて、「なは」には座席指定車〝レガート〟車、B個室寝台〝デュエット〟、〝ソロ〟の連結が開始された。

平成9年11月、「はやぶさ」の運転区間が熊本までに短縮され、「なは」は唯一の西鹿児島ゆきブルートレインとなったが、平成16年3月、九州新幹線・新八代以南の開業により、「なは」も運転区間を新大阪－熊本間に短縮。これにより鹿児島県を走るブルートレインは姿を消した。

平成17年10月からは「あかつき」との併結運転が開始されたものの、2年半後の平成20年3月14日には最終運転日を迎えることとなり、九州発着の関西ブルートレインがここに終焉した。

最終期の編成は、開放型2段B寝台が2両、B個室寝台〝ソロ〟と〝デュエット〟がそれぞれ1両、電源車1両の24系25形5両編成であった。

平成20年3月15日の下り最終列車「なは」は、鳥栖から熊本まで単独ヘッドマークを掲げて走り、終着・熊本駅で那覇市関係者にヘッドマークの贈呈式が行われた。

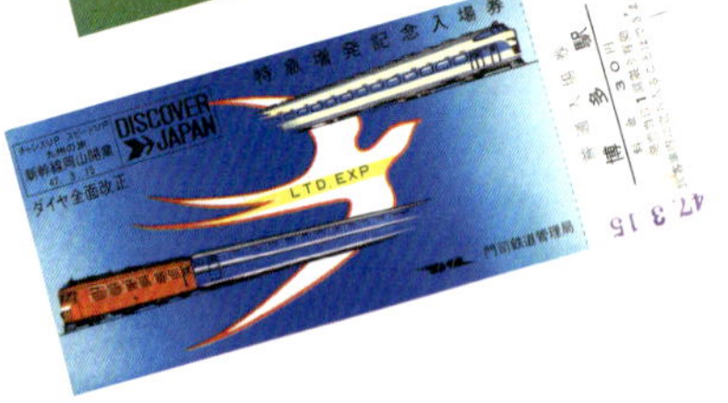

昭和43年10月１日，大阪ー西鹿児島間で昼行特急として運行開始
昭和50年３月10日，新大阪ー西鹿児島間の夜行寝台特急となる
昭和59年２月１日，24系25形客車に変更
平成16年３月13日，新大阪ー熊本に区間変更
平成17年10月１日，「あかつき」との併結運転開始
平成20年３月15日，廃止

貨物用新型 EF81形400番台牽引の「なは」。「さくら」にも貨物用 EF81形の運用があった（鹿児島本線・門司，平成 8 年 4 月）

平成17年までは山陽区間は EF65形1000番台が牽引で「なは」のみの単独運転（山陽本線・上郡ー三石，平成16年 3 月）

上――鳥栖駅に併結特急「なは・あかつき」が6時17分に到着。6時23分に分割された「なは」が出発したあと，鳥栖駅構内に待機していた「あかつき」牽引機の入れ換え作業が始まる。奥に見えるのが「あかつき」の客車で6時34分の発車（平成20年2月）

右――「彗星」廃止後，「なは」と併結運転した「あかつき」だったが，その2年半後には両者とも廃止になった。明石駅を通過し京都に向かう「なは・あかつき」（山陽本線・明石ー朝霧，平成19年8月）

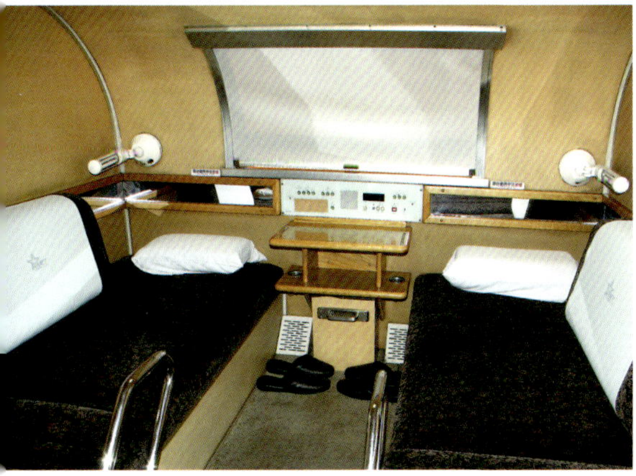

左上──“レガートシート”は，1人掛け座席が独立して配置されていて，座席指定特急券のみで利用できた（平成18年９月）

左中──２人用Ｂ個室寝台“デュエット”は，オハネフ25の開放型２段Ｂ寝台を改造したもので，平成３年３月29日の上り始発より連結が開始された（平成19年９月）

左下──「なは」編成に組み込まれていた開放型２段Ｂ寝台はオハネ25とオハネフ25。ともに３段寝台車の24型から２段に変更されたもの（平成19年９月）

九州新幹線鹿児島ルートの部分開業で，運転区間が熊本までに短縮
されたあとの「なは」(鹿児島本線・木葉—田原坂，平成16年 4 月)

鳥栖駅で併結されて「なは・あかつき」となった最後の上り列車が鳥栖駅を静かに離れる。カメラやビデオを手にした大勢のファンに見送られての旅立ちだった（平成20年３月15日）

宮崎の青い流れ星 彗星

廃止間近の特急「彗星」が，宗太郎峠の難所をクリアして，峡谷に軽快なリズムを刻み，日向路へとスピードアップ。終着・南宮崎へとラストスパートする（日豊本線・宗太郎ー市棚，平成17年９月）

日豊本線を走る関西ブルートレイン20系「彗星」は、昭和43（１９６８）年10月１日のダイヤ改正で、新大阪－宮崎間に誕生した。

2年後には都城まで延長され、昭和47年3月改正で2往復に、昭和48年10月改正では4往復となった。内訳は20系1往復、14系1往復、24系2往復。

昭和49年4月、南宮崎までの電化が完成したため、この時のダイヤ改正では5往復にまで成長。ピークの運転本数となる。

だが、それからわずか1年足らず、昭和50年3月の山陽新幹線博多開業ダイヤ改正では3往復に戻り、2往復に５８３系電車寝台が進出した。この改正では、九州の他線のブルートレインも削減された。さらに日豊本線の昼行列車、４８５系特急「日向」や「みどり」、キハ58系急行「出島」も廃止、夜行急行「日南」も九州島内急行に立て替えられている。

昭和55年10月改正で大分までの５８３系「彗星」が、昭和59年2月改正で宮崎までの５８３系「彗星」がそれぞれ1往復減り、ついに新大阪－都城間の24系25形ブルートレイン1往復のみとなる。

平成7（１９９５）年には、運転区間が新大阪－南宮崎と短縮された。

平成12年3月、これまでの24系25形編成から14系15形6両編成に変更して、「あかつき」と併結運転開始。運転区間を「あかつき」に合わせ、京都－南宮崎間とする。

また、この改正から、「富士」の運転が大分打ち切りとなり、「彗星」が大分以南を走り宮崎県に直通する唯一のブルートレインとなる。

そして、その「彗星」も、平成17年9月30日をもって廃止が決定。かくして、宮崎県を走るブルートレインが消滅した。

「彗星」の終末期は、個室B寝台ソロ車1両を含むものの、わずかB寝台車のみ、モノクラス4両編成で運転される日が多かった。

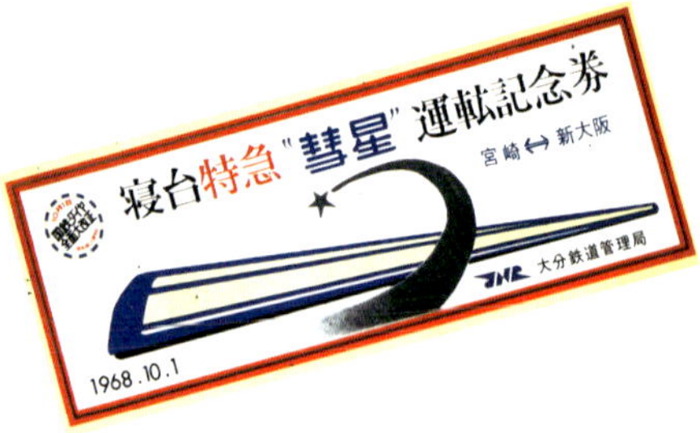

昭和43年10月１日，新大阪ー宮崎間で運行開始
昭和45年10月１日，新大阪ー都城に区間変更
平成７年４月20日，新大阪ー南宮崎に区間変更
平成12年３月11日，「あかつき」との併結運転開始。京都ー南宮崎に区間変更
平成17年10月１日，廃止

ED76 87
SUISEI

左上——下り特急「彗星」がC57形牽引の貨物列車を追い越す（日豊本線・佐土原，昭和48年３月）

左中——小雪がぱらつく中，新大阪到着後，向日町まで回送される特急「彗星」。まだ湖西線は開通しておらず，北陸方面の列車は米原経由で運行されていた。左は雪まみれの特急「雷鳥」（東海道本線・山崎，昭和50年２月）

左下——関門の“銀ガマ”EF81形300番台が牽引する「彗星」（鹿児島本線・門司，昭和60年４月）

昭和59年にEF65形1000番台の牽引に替わるまで，EF58が牽引するブルートレインは“西の箱根”と呼ばれたセノハチの急勾配区間で，EF61形200番台の後補機のお世話になった。瀬野駅に運転停車した「彗星」の後部にEF61形200番台が連結され，八本松に向けて出発していく。左の瀬野機関支区には，同じく峠の後補機として活躍したEF59形のなつかしい姿も見える（山陽本線・瀬野，昭和55年４月）

DF 50 544
C57 89

EF 58 6

EF 81 304

右── フェニックスに迎えられ大淀川を渡る。終点・南宮崎では夕方の折り返しまで，「彗星」は構内の電留線で長い休憩をとる（日豊本線・宮崎—南宮崎，平成17年９月）

下── 佐伯湾のリアス式海岸を行く。最終期は客車４両に。急な機関車交換が発生したのかもしれないが，ヘッドマークを忘れて走ってきた（日豊本線・浅海井—狩生，平成16年10月）

EF 66 46
彗星
あかつき

上３枚は平成17年９月30日，「彗星」最終日の南宮崎駅の様子。一足早く「富士」の鹿児島乗り入れがなくなってからは，宮崎以南へブルートレインが乗り入れることはなかったが，この「彗星」廃止によって大分以南のブルートレイン運行がなくなってしまった

朝霧の中，EF66牽引の「彗星・あかつき」が新しい夜明けを迎える。この併結時代は平成12年３月から平成17年９月の「彗星」廃止まで。その間，本州ではこの姿で走り続けた（山陽本線・三石－上郡，平成14年３月）

朝焼けの中，宮崎へと「彗星」が下ってゆく。まだ都城まで走っていたJR化直後の感動的なワンシーン（日豊本線・豊前善光寺－柳ヶ浦　昭和62年5月）

昭和42年に世界初の寝台電車特急「月光」がデビューした。写真は平成13年７月29日に運転された583系リバイバル特急「月光」（山陽本線・富海－防府）

九州ブルートレインの仲間たち

ブルートレインとともに大活躍した車両に581系、のちには583系と呼ばれる寝台電車特急がある。昼間は車両基地などで待機せざるを得ない寝台客車20系に対して、581系・583系は寝台車を座席車に変身させ、昼間も働ける効率のよい世界初の寝台電車特急として開発された。

この車両は、昭和42（1967）年10月改正で、博多－新大阪間に581系夜行寝台電車特急「月光」としてデビュー（昭和50年3月改正で廃止）。同時に、新大阪－大分間に昼行座席車の581系特急「みどり」も誕生。翌年10月改正では名古屋－博多間に583系寝台電車特急「金星」も走り始めている（昭和57年11月に廃止されるまで愛称統合もなく、「金星」を名乗った）。

583系は九州への夜行寝台特急に、その後も続々と投入される。「あさかぜ」、「さくら」など九州ブルートレインは最後まで客車寝台列車として運転されたが、関西ブルートレインには客車列車のほか、寝台電車583系も多数使用された。昭和43年10月登場の「明星」、昭和45年10月誕生の「きりしま」、昭和50年3月改正では「彗星」や「なは」にも583系が投入されている。昼行特急の「有明」や「つばめ」、「はと」でも583系が走り、昭和59年に九州への夜行特急運用から退くまで、昼夜を問わず大活躍をしている。

また、初代ブルートレインの20系客車では、14系や24系の登場で余剰車が出始め、それらは臨時特急や急行列車に格下げして運転されるようになる。昭和53年からは九州でも20系寝台急行が走り出した。

九州島内だけ走る日豊本線の夜行寝台客車急行「日南」は、昭和50年3月改正で、それまでの関西と日豊本線を結ぶ夜行急行の愛称から、門司港－宮崎間の475系電車急行3往復とともに誕生している。夜行「日南」の寝台車と指定席車は急行の終点・宮崎で切り離されるが、自由席車は普通列車となって西鹿児島まで直通した。昭和53年3月から12系座席車＋20系寝台車の編成で運転。昭和61年11月には寝台車を24系25形に変更した。

昼の「日南」は昭和57年までに特急「にちりん」への格上げで消滅するが、夜行急行「日南」は昭和63年3月に始発駅を博多に変更したものの、平成5（1993）年3月に特急「ドリームにちりん」となるまで存続されている。なお、夜行特急「ドリームにちりん」（博多－宮崎空港）は今も走り続けているが、783系電車編成が使用され、寝台車の連結はない。

対して鹿児島本線の夜行寝台客車急行が「かいもん」（門司港－西鹿児島）で、昭和55年10月改正までは、こちらも昼間の急行電車と同じ愛称を名乗っていた。昭和53年3月、「日南」と共通運用になり12系＋20系化。昭和61年11月、寝台車を24系25形化。平成5年3月改正で、787系夜行電車特急「ドリームつばめ」（博多－西鹿児島）となり、急行「かいもん」は廃止。平成16年3月の九州新幹線・新八代－鹿児島中央間の開業で、夜行特急「ドリームつばめ」の運転は廃止された。

月光
GEKKŌ

右── 新大阪─西鹿児島の夜行寝台特急になった「なは」は，583系電車からスタートした（東海道本線・大阪，昭和50年４月）

左── 夜行寝台特急「明星」もデビュー当初は583系電車のみを使用していた（鹿児島本線・南福岡電車区，昭和43年10月１日）

583系夜行寝台特急「彗星」が耳川を渡る。昭和50年のダイヤ改正で583系２往復中，1往復が12両編成で宮崎まで乗り入れた（日豊本線・南日向一美々津。昭和54年４月）

明星
MYŌJYŌ

彗星

上──誕生から廃止まで583系で走った夜行寝台特急「金星」。名古屋と九州・博多を結ぶ唯一の存在だった（山陽本線・本由良一厚東，昭和56年３月）

下──西鹿児島と京都を結び昭和45年10月から昭和50年３月まで走った583系夜行寝台特急「きりしま」（西鹿児島，昭和46年４月）

上——20系寝台車を使用した日豊本線の急行「日南」。20系時代は門司港—宮崎間で寝台車が連結された（鹿児島本線・小倉，昭和55年11月）

下——西鹿児島発新大阪ゆき急行「霧島」。20系客車寝台列車は，臨時特急「明星」から臨時急行「霧島」に格下げして運転されるようになる（平成３年８月）

全国のブルートレインと、その仲間

出雲(東京ー出雲市・浜田)

昭和47(1972)年３月，山陰夜行寝台特急「出雲」の20系ブルートレインは，山陽新幹線岡山開業ダイヤ改正で誕生。東京から東海道を下り，京都から山陰本線を通り，浜田までを結んだ。非電化区間だった山陰本線での牽引機は，ディーゼル機関車ＤＤ54だったが，数年後にはＤＤ51に交代している。

昭和50年３月の山陽新幹線博多開業ダイヤ改正では，東京－米子間に14系夜行寝台特急「いなば」が誕生。「いなば」は東京－名古屋間で紀勢本線・紀伊勝浦発着の寝台特急「紀伊」を併結（「紀伊」は昭和59年２月廃止）。昭和53年10月，「いなば」を「出雲」に改称して，２往復体制となる。

平成10年７月改正で，伯備線経由の新型285系夜行寝台電車特急「サンライズ出雲」が東京－出雲市間に走り始め，「出雲」１往復を廃止。平成18年３月18日のダイヤ改正で，残る「出雲」も廃止。京都から山陰線を走るブルトレの全廃で，福知山や城崎，鳥取を通る寝台特急は消滅となった。

山陰本線随一の名所・餘部橋梁を渡る「出雲」（山陰本線・鎧ー餘部，平成10年４月）

サンライズ出雲(東京ー出雲市)・サンライズ瀬戸(東京ー高松)

「サンライズ瀬戸」と「サンライズ出雲」の285系は，東京－岡山間を14両併結運転，岡山で分割併合されて，四国・高松と山陰・出雲市を結ぶ。

それぞれ２階建て寝台電車７両編成で，車内設備は全く同じ。１階２階それぞれにシングルデラックス，ソロ，シングル，シングルツイン，サンライズツインと多彩な寝台タイプがあり，ミニサロンとシャワー室もある。さらに，指定席特急料金で乗車でき，寝転がって利用できるユニークなスペース“ノビノビ座席”もある。

現在も唯一，東京と山陰・四国を結び続ける285系「サンライズ出雲」，「サンライズ瀬戸」の併結特急（山陽本線・上郡ー三石，平成11年７月）

瀬戸(東京ー宇野・高松)

昭和26(1951)年12月，東京－宇野間の急行を「せと」と命名した時から，この愛称が始まる。昭和31年11月から漢字の「瀬戸」に表記が変更された。

昭和47年３月ダイヤ改正で，急行「瀬戸」を格上げして，20系夜行寝台特急「瀬戸」が誕生。宇野線の終点・岡山県の宇野から本四連絡船・国鉄宇高航路を介し，四国・高松を結んだ。

昭和52年９月，24系25形２段寝台化。 昭和63年４月10日，本四連絡橋・瀬戸大橋線の開通で四国と結ばれ，運転区間を東京－高松間とする。ブルートレインが初めて四国島内を走った。

「瀬戸」は宇野線・茶屋町から本四備讃線（愛称は瀬戸大橋線）に入り，約9.4キロの瀬戸大橋で瀬戸内海をひと跨ぎ，坂出から予讃線を走り高松へと運転した。

１か月前の昭和63年３月13日には青函トンネルの開通により本州と北海道が結ばれており，瀬戸大橋の開通で日本列島が１本のレールで結ばれたことから，“一本列島”のキャッチフレーズも生まれた。

平成２(1990)年３月からはＡ個室寝台シングルデラックスとシャワー室を備えたラウンジカーの連結が開始された。

平成10年７月，285系夜行寝台電車特急「サンライズ瀬戸」を東京－高松間に投入。これにより，寝台特急「瀬戸」は「サンライズ瀬戸」にバトンタッチして，運転終了となる。

ブルートレイン「瀬戸」最後の下り（予讃線・国分ー讃岐府中，平成10年７月10日）

トワイライトエクスプレス（大阪ー札幌）

平成元(1989)年12月，青函トンネルの開通の翌年に団体専用列車から臨時特急列車となり誕生。日本海縦貫線から青函トンネルをくぐり抜け，関西と北海道を結ぶ1508.5キロを23時間近くかけて走る。臨時特急列車とはいえ，日本最長距離夜行寝台特急である。24系25形寝台車で編成された車体は日本海をイメージしたダークグリーンに塗色され，それまでのブルートレインのブルーに対し異色の存在。日本海縦貫線を牽引するＥＦ81形機関車も同じ塗色に変更されている。

寝台車が７両，食堂車“ダイナープレヤデス”，サロンカー“サロンデュノール”，そして電源車を加えた10両編成となっている。スイート，ロイヤルなど豪華な客室で，移動時間をゆっくりと楽しむ，優雅で贅沢な夜行寝台特急として人気が高い。

牽引する EF81形はトワイライトエクスプレスの専用塗装（北陸本線・新疋田ー敦賀，平成５年５月）

銀河（東京ー大阪）

昭和51(1976)年２月から，それまで特急のみだった20系ブルートレインを初めて使用した名門急行。昭和24年９月，東海道本線に旧１等車と旧２等車のみで組成された豪華列車として誕生して以来，ずっと関東と関西を結び，伝統の愛称「銀河」を名乗り続けた。20系後の使用車種は14系，24系25形と変更されている。

平成20(2008)年３月13日に廃止され，59年の歴史に幕を降ろす。

昭和60年３月までは20系を使用した急行「銀河」（東海道本線・大阪，昭和59年４月）

日本海（大阪ー青森・函館）

湖西線を通り，日本海側の北陸，信越，羽越，奥羽の各本線日本海縦貫線を経由し，今日も走り続ける「日本海」は，昭和43(1968)年10月に，それまでの急行「日本海」を格上げし，20系ブルートレインとして誕生した。
運転開始当初は湖西線は開業しておらず，大阪から米原までは東海道本線を走り，北陸本線に入った。直流機関車と交流機関車をつなぐため，米原ー田村間をディーゼル機関車が中継した。
昭和50年３月ダイヤ改正から，湖西線を経由するようになり，14系化。と同時に，食堂車が廃止された。
昭和53年10月改正で24系と24系25形の２往復体制となり，昭和63年３月の青函トンネル開業で，１往復を函館まで延長運転したものの，平成18(2006)年３月改正で，18年間続いた函館乗り入れを取り止め，青森までの２往復体制に戻る。
そして，平成20年３月改正で１往復が廃止され，１往復のみに。現在の姿はオロネ24形Ａ寝台１両のほかは開放式２段Ｂ寝台主体の編成で，電源車を含め24系13両編成で運転。閑散期には４両の減車があり，全区間を敦賀のEF81形が牽引している。

津軽海峡線の専用機関車ED79に牽引される函館乗り入れの「日本海」（江差線・渡島当別ー釜谷，平成15年６月）

つるぎ（大阪ー新潟）

日本の鉄道開業100周年に当たる昭和47(1972)年10月改正で，寝台急行「つるぎ」が格上げされ，20系ブルートレインとして誕生。昭和50年３月，湖西線経由に変更され，翌年２月に24系25形化。これにより余剰になった20系客車は，東京ー大阪間の急行「銀河」に使用されることになり，初めての20系による急行列車が誕生している。
平成６(1994)年12月に，臨時特急に格下げ。実質的な廃止だった。現在の日本海縦貫線のブルートレインは新潟駅を経由せず，新潟駅発着のブルートレインはこれで消滅した。

大阪近郊では，複々線を通勤電車と並走するシーンも見られた（東海道本線・茨木ー千里丘，昭和63年５月）

北陸（上野－金沢）

昭和50(1975)年３月，同区間のそれまでの10系急行「北陸」を，20系特急に格上げしてデビュー。昭和53年９月，14系化。平成11年３月から12両編成が８両に減車された。
上野から高崎線，上越線，長岡を経由し，信越・北陸の両本線を通り金沢を結ぶ「北陸」は，現存ブルートレインの中で最短の走行距離517.4キロ。深夜に出発し，翌朝一番に目的地に着くダイヤの利便性から，利用率が高い。14系寝台車で組成され，８両編成中４両がＡ寝台個室シングルデラックスとＢ寝台個室ソロで，短距離寝台特急ながら，個室寝台車の割合が高いのが特徴である。

上野－長岡間は直流電気機関車 EF64形1000番台が牽引する（高崎線・吹上－行田，平成15年５月）

あけぼの（上野ー青森）

昭和45(1970)年10月に誕生した20系寝台特急「あけぼの」は，東北本線を北上し，福島から奥羽本線全線を走破する奥羽本線の看板特急であった。
「あけぼの」の歴史は，経路変更，愛称統合など，波乱の連続だった。
昭和55年10月，20系から24系化。「あけぼの」が最後の20系使用列車で，これにより20系は定期寝台特急運用から撤退となる。
昭和48年の１往復増に加え，昭和57年11月，24系25形寝台特急も誕生し，計３往復に。昭和63年３月，秋田発着の１往復を廃止して，青森発着の２往復に。平成２(1990)年９月，山形新幹線工事に伴い，1往復を東北本線小牛田から陸羽東線を経由して新庄に抜けるコースに変更。残る１往復は羽越線経由の寝台特急「鳥海」に改称される。そして平成９年３月，「鳥海」が「あけぼの」に統合されるかたちで，上越線，羽越本線経由の寝台特急「あけぼの」１往復のみとなった。
現在の姿は24系13両編成（閑散期減車あり）で，開放式Ｂ寝台のほか，Ａ寝台シングルデラックスとＢ寝台ソロ，寝台料金が不要の普通座席指定車“ゴロンとシート”（通常の２段式Ｂ寝台だが，浴衣も掛け布団も枕もシーツもない簡易寝台）も連結している。
ブルートレイン「あけぼの」は，日本海側の各都市を経由して関東と東北を結ぶ，唯一の定期夜行寝台特急として走り続けている。

たそがれの津軽富士・岩木山に見送られ，はるか上野をめざす「あけぼの」（奥羽本線・石川ー弘前，平成15年５月）

出羽（上野ー秋田）

昭和57(1982)年11月改正で，夜行気動車急行「出羽」を，上越・羽越線経由，上野ー秋田間の24系ブルートレインとし，寝台特急「出羽」が誕生した。
平成２(1990)年９月，「あけぼの」１往復が福島からの奥羽本線を走れなくなり，羽越線経由の寝台特急「鳥海」に改称され，「出羽」と同じ路線経由で走り出す。
平成５年12月，「出羽」は「鳥海」に統合されて愛称消滅。さらに平成９年３月には「鳥海」は「あけぼの」に統合されて愛称消滅となり，現在「あけぼの」が「出羽」の経路を走り続けている。

日本海を眺めながら，終着・秋田へとひた走る（羽越本線・吹浦ー小砂川，昭和63年５月）

左――C62 49号機牽引の「ゆうづる」。最後の蒸気機関車の牽引で，全国からファンを集めた（東北本線・仙台機関区，昭和42年1月）
下――常磐線全線電化が完成し，運用がなくなる蒸気機関車お別れイベントでの一コマ。（東北本線・仙台機関区，昭和42年9月30日）

左上――霧の朝，24系ブルートレイン「はくつる」が行く（東北本線・西平内一浅虫温泉，平成12年6月）
左下――ED75形が牽引した「ゆうづる」。青函連絡船が現役の時代，北海道からの乗客も桟橋を渡り，青森でブルートレインに乗り継いだ（東北本線・青森，昭和61年1月）

はくつる・ゆうづる（ともに上野一青森）

昭和39(1964)年10月の東海道新幹線開業ダイヤ改正で，九州方面以外では初めてとなる夜行寝台特急となる「はくつる」がデビューする。最初から20系ブルートレイン11両編成で，上野から青森まで東北本線を直通した。非電化の仙台－青森間はC61形蒸気機関車が牽引する時代だった。
翌昭和40年10月には，常磐線経由の20系ブルートレイン「ゆうづる」も誕生した。この改正から，非電化区間の牽引にディーゼル機関車ＤＤ51形が進出したが，上野－平間の交直流電気機関車ＥＦ80形を引き継いだのはC62形蒸気機関車で，平－仙台間の牽引の大役を果たし，最後の花道を飾った。
東北本線全線電化が完成した昭和43年10月改正では，両列車とも昼行特急の「はつかり」とともに583系電車特急となる。また20系客車編成の「ゆうづる」も1往復増発されている。
この後「ゆうづる」は増発が続き，昭和50年3月改正で7往復（20系4往復，583系3往復）に成長。また同改正で上野－盛岡間に20系寝台特急「北星」も新設され（昭和57年11月愛称消滅），東北夜行寝台特急はピークを迎える。
昭和53年までに，「ゆうづる」や「北星」の編成が20系客車から24系や14系客車に変更された。
しかし，昭和55年10月の減量化ダイヤ改正から減便が続き，昭和63年3月の青函トンネル開通のダイヤ改正では，「はくつる」，「ゆうづる」とも定期列車は583系電車寝台特急の各1往復だけとなった。
そして平成5(1993)年12月の改正で，「ゆうづる」を東北本線経由「はくつる」に変更。「はくつる」が2往復になり，定期特急の「ゆうづる」の愛称が消滅。
翌年12月には「はくつる」1往復が季節列車化，残る1往復が583系から24系客車列車に変更され，26年ぶりにブルートレインの夜行寝台特急「はくつる」が復活する。だが，平成14年12月の東北新幹線八戸開業で，ついに「はくつる」も廃止となった。
20系ブルートレイン，583系電車寝台，そして24系ブルートレインと変身を重ねながら，夜行寝台特急「はくつる」は東北と北関東の四季を見つめ，38年間，夜と朝の狭間を走り続けた。

EF 81 92
はくつる
HAKUTSURU

D 75 158

カシオペア（上野－札幌）

平成11（1999）年７月のダイヤ改正から走り始めたハイグレードＥ26系夜行寝台特急「カシオペア」。全車両Ａ寝台個室の２階建て12両編成で，すべての部屋に洗面所とトイレが用意されている。カシオペアスイートおよびカシオペアデラックスにはシャワーもあり，ミニバーセットがつく。食堂車“ダイニングカー”は在来線では初めて２階にある。ディナーは贅沢なフランス料理コースや懐石御膳のメニューを楽しめ，パブタイムもある。札幌寄り車端部にあるハイデッカーラウンジは，車窓を楽しむフリースペースとなっている。
車体色はステンレス素材を生かしたパールトーンで，「トワイライトエクスプレス」と同様，従来のブルートレインと一線を画している。上野－青森間を牽引する本州のＥＦ81形交直流電気機関車も，カシオペア専用塗色を装う。

北海道のディーゼル機関車 DD51形が牽引する「カシオペア」（函館本線・石倉－落部，平成15年５月）

エルム（上野ー札幌）

季節列車の「北斗星」1往復が定期列車に昇格し，平成元（1989）年3月11日改正で，同区間を走る臨時寝台特急「エルム」が，新愛称で誕生している。
「北斗星」と同じ区間を走るが，「北斗星」は個室や食堂車などを連結したハイグレード編成なのに対し，「エルム」は開放式B寝台モノクラスのみで組成されていた。

噴火湾を右手に望み，札幌をめざす臨時特急「エルム」。DD51形重連に掲げられた大型ヘッドマークはよく目立った（室蘭本線・豊浦ー洞爺，平成3年8月）

北斗星（上野ー札幌）

昭和63(1988)年3月13日，青函トンネル開通とともに颯爽とデビュー。そして，またたく間に北海道連絡の夜行寝台特急の主役の座に着く。当初は季節列車1往復を含む3往復でスタートしたが，翌年3月には3往復とも定期列車に昇格した。
編成は豪華で，個室内にシャワーやトイレを完備したA寝台個室ロイヤルを筆頭に，A寝台個室ツインデラックス，B寝台個室ソロおよびデュエットなどが，24系客車を改造して連結された。また，車窓を堪能するロビーカー，食堂車“グランシャリオ”でのフランス料理のコースメニューの提供など，画期的なサービスが行われている。
平成3(1991)年3月から個室寝台車の増強が始まり，平成9年3月には「北斗星」1・2号の開放式B寝台2両が簡易個室Bコンパートに改装され，完全個室化編成が完成している。
平成11年7月，カシオペアの運転開始により定期列車は2往復に減便。平成20年3月改正では，ついに1往復のみの運転となった。

冬期には，「北斗星」を延長運転して，沿線のスキー客への利便も図られた（石勝線・トマムー新得間の串内信号場，平成2年1月）

おわりに

九州発最後のブルートレインの旅はいかがでしたか？

九州最後のブルートレイン「はやぶさ」と「富士」の廃止が決まり、ブルートレインが九州の地から消え去ろうとしています。

長い歳月、たくさんの人の思い出をいっぱい詰め込んで、九州からブルートレインが走り去って行きます。

本書では最後の力走を続ける「はやぶさ」と「富士」の勇姿を追うとともに、惜しまれながら廃止された数々の九州ブルートレインの姿も掲載しました。

日本全国を見渡しても残りわずかのブルートレインたち、九州以外の廃止されたブルートレインも簡単に紹介しています。また、ブルートレインの仲間であり、ひと足先に去った寝台電車特急583系や一部の急行列車も取り上げました。

昭和33年に20系寝台特急が誕生してから、〝青い流れ星〟ブルートレインは走り続けました。

残念ながら九州のブルートレインは消滅しますが、日本にはあと数本のブルートレインが走り続けます。新しい朝の未知なる風景を探しに、夜行寝台特急に乗って、北の大地へと旅立ちたいと思います。

最後になりましたが、長い間、九州ブルートレインを支えてきたたくさんの皆さん、ありがとうございました。お疲れさまでした。

また、今回の本の制作に当たって、たくさんの皆さんのご協力をいただきました。心からお礼申し上げます。

日本全国のあちこちの夜から朝に向け、毎日走り続けた、多くのブルートレインたちに、この本をレクイエムとして捧げます。

ありがとう。そして、さようなら。

栗原隆司

平成21年2月

写真は、夕闇迫る山陽路の鉄路を、次なる朝を信じて、いつものように駆け抜ける、九州最後のブルートレイン「はやぶさ・富士」（山陽本線・小月ー埴生、平成20年8月2日）

著者プロフィール

宇都宮照信（うつのみや・てるのぶ）
1949年，福岡市生まれ。日本食堂（現・ジェイアール東海パッセンジャーズ）入社。食堂車の乗務員として，ブルートレインや電車，気動車，新幹線に乗務後，九州鉄道記念館に勤務。著書に，『鉄現人』（笠倉出版），『九州の鉄道』（葦書房），『九州・鉄道の記憶』（西日本新聞社）『機関車に片思い』（書肆侃侃房）がある。現在，JR九州鉄道ファン懇話会事務局長，九州鉄道記念館館長代理。

栗原隆司（くりはら・たかし）
1952年，福岡県生まれ。1972年，東京写真大学（現・東京工芸大学）入学。５年間，国際文化通信社に在籍後，約２年間の真島満秀写真事務所時代を経て，1981年からフリーカメラマン「旅ぐらふぁー」となる。著書に『鉄道のある風景』『九州・鉄道の旅』『高千穂鉄道』『鉄道再発見の旅』（以上，海鳥社），『ＪＲ特急』（講談社），『栗原写真館　鉄路叙情編』（交通新聞社），『九州ＳＬ紀行』『筑豊のＳＬ』（以上，ないねん出版）など。また，共著に『九州の蒸気機関車』『蒸気機関車──中国・四国・近畿の鉄道風景』（ともに海鳥社）がある。現在，福岡県太宰府市在住。

写真協力

末光尚志
田中芳樹
中楯潔
新原和俊
蓮尾隆一
九州鉄道記念館
株式会社鉄道ジャーナル社

主な参考文献

『日本国有鉄道百年史』全19巻，日本国有鉄道
『鉄輪の轟き──九州の鉄道100年記念誌』九州旅客鉄道，平成元年10月
『九州旅客鉄道10年史』九州旅客鉄道，平成９年12月
『九州の鉄道の歩み──鉄道100年記念』日本国有鉄道九州総局，昭和47年10月
『日本食堂三十年史』日本食堂，昭和43年
宮脇俊三・原田勝正編『全線全駅鉄道の旅10──九州2800キロ』小学館，昭和57年１月
宇都宮照信編『九州鉄道の記憶──名列車・名場面・廃止線』西日本新聞社，平成14年10月
宇都宮照信編『九州鉄道の記憶Ⅱ──名列車・名場面・廃止線』西日本新聞社，平成16年２月
宇都宮照信編『九州鉄道の記憶Ⅲ──名列車・名場面・廃止線』西日本新聞社，平成16年10月
宇都宮照信編『九州鉄道の記憶Ⅴ──蒸気から近代化へ』西日本新聞社，平成19年４月
「鉄道ジャーナル」鉄道ジャーナル社
「年鑑日本の鉄道」鉄道ジャーナル社
「鉄道ダイヤ情報」交通新聞社
「鉄道ファン」交友社
「Rail Magazine」ネコ・パブリッシング
「ＪＲ時刻表」平成20年12月号，交通新聞社
国鉄監修「交通公社の時刻表」昭和42年10月号・昭和43年10月号他，日本交通公社
フリー百科事典『ウィキペディア（Wikipedia）』

九州発　最後のブルートレイン
きゅうしゅうはつ　さいごのぶるーとれいん

2009年3月14日　第１刷発行
著　者　宇都宮照信　栗原隆司
発行者　西　俊明
発行所　有限会社海鳥社
〒810-0074
福岡市中央区大手門３丁目６番13号
電話092(771)0132　FAX092(771)2546
印刷・製本　大村印刷株式会社
ISBN 978-4-87415-717-6
http://www.kaichosha-f.co.jp
［定価はカバーに表示］

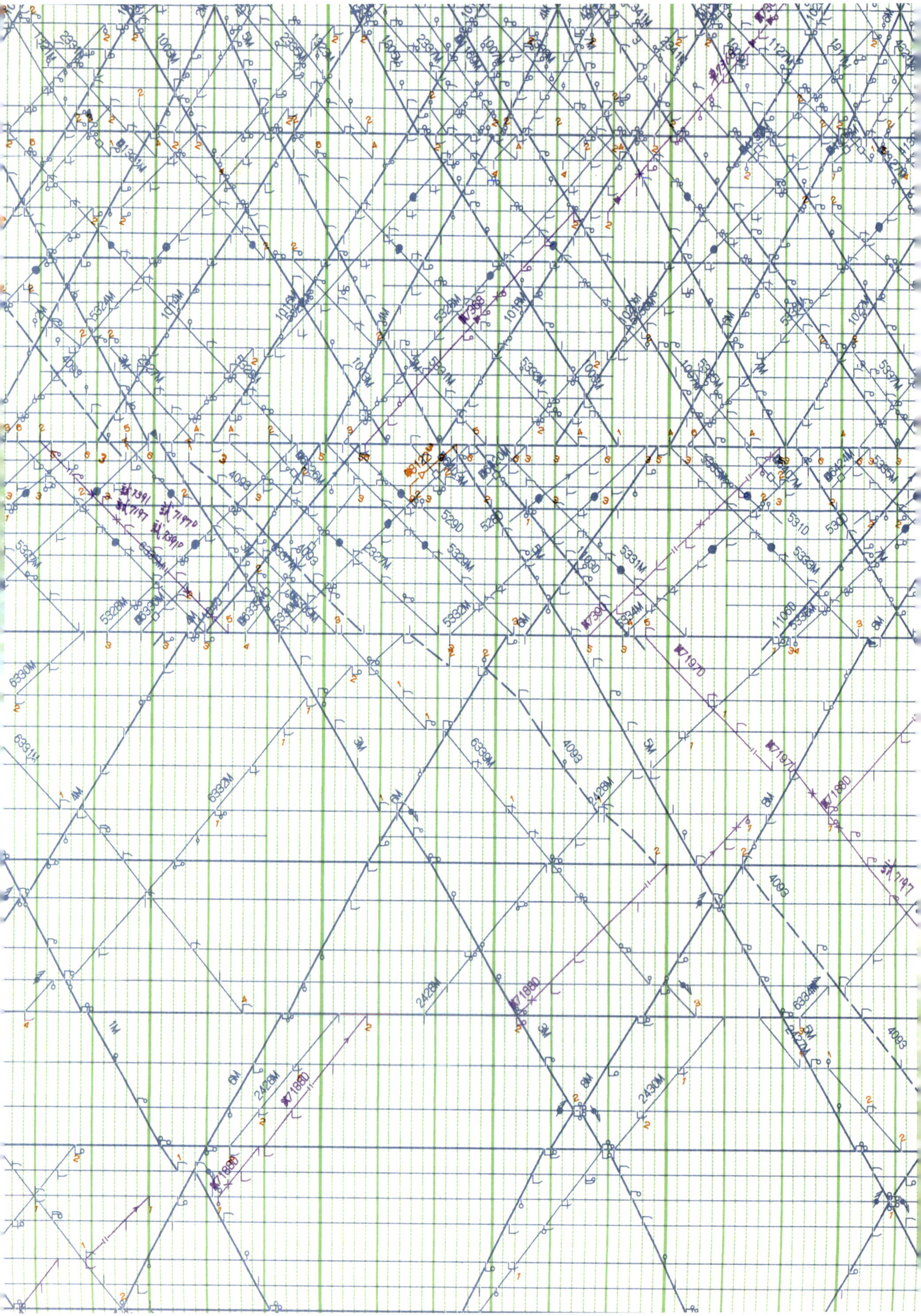
6330M
6331M
6332M
4093
2428M
2430M
6334M
5331M
5332M
5329M
1M
3M
4M
5M
6M
8M